関西割烹を生み出した味と食文化

大阪料理

監修／大阪料理会

序に代えて

日本料理が世界の国々で評価を得、２０１３年には「和食：日本人の伝統的な食文化」としてユネスコ無形文化遺産登録がなされました。しかしながら、グローバル化を目指す現実がある一方、一部ではその伝統が乱れているのも残念ながらあるのです。

そこで私達大阪料理会の面々は大阪の料理屋としての「食」はどうであるかを次のように考えたいと思います。つまり、料理は食材第一義であること、喰い味であること、日本土産（どさん）の食材を用いること、昆布味を主とすること、大阪人特有の始末の精神がみられること。この「五つの調理心得」を基本に、大阪で日本料理を提供するプロの料理人がしがらみの垣根を越えて集い、古き良き伝統料理を知る先達に知識、技術を請い、新しい革新的な料理法を加え、より完成度の高い料理を提供できることを願って大阪料理会は平成二十三年一月に第一回目の研修会を立ち上げたのでした。

これまで、月一回の定例会で披露された料理は五百余品を数えるに至りました。これを会員のみが有するだけではなく、全国で日本料理の料理人を務める人、志す人、また一般の方々にも共有してもらいたくこの度上梓する運びとなったことを大変嬉しく思っております。これからも会員一同、研鑽を重ね、「食の街・大阪」の認識を高めるべき道標の会に成長することを願ってやみません。

最後になりましたが「大阪料理会」の運営にご協力頂いた企業・団体機関様ならびに、発刊を現実のものとして頂いた「旭屋出版」様に対し御礼申しあげます。

「大阪料理会」
会長　畑　耕一郎

目次

目次

第三章　平成　大阪料理五十選

選・文／畑　耕一郎　156

第四章　大阪料理と料理屋に関する資料

文／笹井良隆

本書を読むにあたって

・本書は、複数の筆者が執筆しているため、同じ材料や料理でも、筆者によって異なる呼び名の場合があります。
・作り方には分量を記載していません。各自調整し、好みの味わいに仕上げてください。
・材料は主材料を中心に記し、調味料などの副材料は、特殊なものを除いて記載していません。
・料理で使用する器具は、各店での呼び名で表記しているため、同じ器具でも違う名前になっている場合があります。
・「節昆布だし」は、かつお節と昆布から取った合わせだしを指します。

浪速割烹の条件

一つ、形式（食法）や造形には余り拘わらず、実味を優先すべし

一つ、走り物や珍味は、ごく僅かとし、味の充つる旬物が大切と知るべし

一つ、新鮮良質の食材を用いれば、高価であれども無駄なく利用できるゆえに、結果は始末良しと知るべし

一つ、塩梅（調味）は食材の自づから持つ味にまったり（まろやか）僅味を加える哉

一つ、如何なる食材にも創意を以て挑むべし

一つ、食を以て商うことの意義を知り、料り手より、食べ手の思いを重視すべし

上野 修三

第一章

大阪料理とは

文　上野修三

一、日本料理　難波に発す

神武天皇から代十二代、景行天皇の治世十二年、九州地方を平定するため行った天皇東国巡幸の際に随行された磐鹿六雁命が、蛤の生醋を作り天皇に捧げたところ、天皇は命の技術を高く評価され、皇居で初めての料理長「膳夫伴部」の姓を賜ったとある。つまりはこれが食材を（人の食べ物として）調理する魁けとされると共に、磐鹿六雁命は日本料理の祖神として今も崇められている所以である。この時代では未だ日本という国名はなく、大和時代のことであると考え、敢えていうなら命の料理は大和料理ということになるのかもしれない。しかしながらこの大和なるものも、我が国が独自に生んだ固有名詞ではなく、朝廷が海外との交流のために、その門を開いた時に生まれたものではないか。交流の相手国とは朝鮮半島を経ての中国であり、漢の国から見た大和国（日本）を「倭国（和国）」と呼んだことに始まるはずである。すなわち他国ありての固有名詞であるから日本料理はおろか大和料理の呼称もなければ、そう命名する必要もなかったといえよう。その後我が国は、日の出る国との意味から「日本」と名付け、穀物が豊かに実る国とし「豊葦原千五百秋瑞穂国」なる美称をも生んだ。その葦は難波の海の州に多く生えるイネ科の多年草で若芽は食用にもされ、一九八七年以前は大阪郷土の花となっており、穀類が日本の主食とされてきた経緯の中の代表（稲類の総称）でもある。

さて難波の海（大阪湾）は昔、上町台地のすぐ西下まで海が迫って難波潟（難波江）といわれたが、ここに十五代応神天皇は「津（港）」を築かれたのが我が国で初めての貿易港「難波津」である。この津によって我が国と朝鮮半島の関係が密接になり、大陸のすぐれた文化が共に伝わり、大和朝廷の発展の中で秦始皇帝の子孫と称する弓月君なる人物は特に多勢をひきいて帰化し、そのあとに続く帰化人も、はじめ大和に住まわされた。その大和朝廷への門口として難波津がますます重要になってくると、十六代仁徳天皇は現大阪市東区法円坂に皇居を造営されて高津宮（難波宮）と命名・遷都される。

天皇は大陸からの貿易や文化交流に尽力する一方で、朝廷直轄の農業経営地「屯倉」を建て河内国は石川の水を灌漑して農業をすすめ、食の大切さを自ら示されたとあり、途上で民が貧困に陥った時は自らも節約し三年間の税を免じたと伝えられる。大和に住む帰化人はその後、高津宮付近の摂河泉（摂津・河内国・泉州）に分けて移されたとあるから、応神天皇期に百済から来朝した王仁博士も仁徳天皇に大きく関わったと推測される。他多くの帰化人が民間人に与えた影響は大きい。特に食においては初めて異国の味を経験するが、大阪湾という魚介の宝庫、河内平野という野菜の園を控えた浪速の国は、新鮮食材が豊富なる故に「割主烹従」、即ち生鮮食（生食）主流で煮炊き料理はこれに劣るとされる国であったから、烹一筋の中国料

安治川口ノ賑い（『摂津名所図会』）

理は容易に受け入れられず、和食（日本料理）に溶け込むことは決して早くはない。これが我が国では「和魂漢才」と称し、大和魂を以て漢国（かんのくに）の技法を取り入れ、模倣ではなく新しい日本料理を創り出してきたのである。

我が国の食文化は難波津を通じた諸々の文化と共に食材から調理法に至るまで摂河泉（浪速六合）でまとめられていく。遡ると、この河内と泉州の境には日本最大の食器作りの窯跡「茅渟県陶邑（ちぬのあがたすえむら）」があり、摂津の桜井谷地域・現豊中市宮山町を中心とするあたりには須恵器の窯跡が群がって残っていることでも「食は浪速に在り」である。

時代は下って三十三代推古天皇の摂政であったとされる聖徳太子が大阪四天王寺建立の際に、その無事を誓願して造営された今宮戎神社は兵庫県西宮戎神社の支社で漁業の神として崇められ、この近くに魚の市が立ったことから大和朝廷への大道（竹内街道）が開かれ、大和朝廷への食材調達所でもあったことが、世にいう「天下の台所」である、との説がある。

また、さらに時代は下った江戸後半の安政三年（１８５６）であるが、大阪西町奉行の久須美祐雋（くすみすけとし）の表した『浪速の風』という随筆にある「天下の台所」では「浪速の地は、日本国中船路の枢要（すうよう）にして財物輻湊（ふくそう）つまり諸国からの品々が集まる地である、故に世俗の噂にも、大坂は日本国中の賄所とも云い、又は『台所』なりとも云えり。実に其の地、巨商・富裕軒を並べ・・」と書き出している。

話を戻すが、大和朝廷には難波都と行きつ戻りつ度々の遷都、そして奈良時代に移りやがて平安朝となっても食材は（大阪）今宮の地辺りから届けられ続けていたが、生食としての海魚を届けられるのは鱧と蛸ぐらいであったらしく、この時代は淀の鯉など川魚が多く食卓にのぼっている。

二、大阪料理の変遷

大阪料理とは、かつて耳にすることのなかった呼称である。しかしこうした地名を冠せた固有名詞は郷土料理をも意味する。まさに大阪も大和朝廷が難波に貿易港を築いて他国との交流を始める以前は、摂河泉の地野菜や海の幸での食・郷土料理であったといえる。そして浪速国の難波津が大和朝廷への玄関となったことで、浪速の（郷土）料理は日本料理としての礎を築いていくのである。推測するに当時大陸からは現日本のことを「倭国（わのくに）」と呼び、我が国では「和国」と称したのではないか。この時点での浪速国（なにわのくに）では、当然として「浪速料理」などの呼称はなく、いわば大和朝廷の饗応（きょうおう）のための料理が日本料理の魁けとして浪速に始まったといえようが、難波宮は奈良へ京へと遷都し、浪速国は単なる都への玄関となったが、それゆえに各地と海外の人達で賑わい、旅人達も交える多くの人の食事処が発展していき、時代は鎌倉・

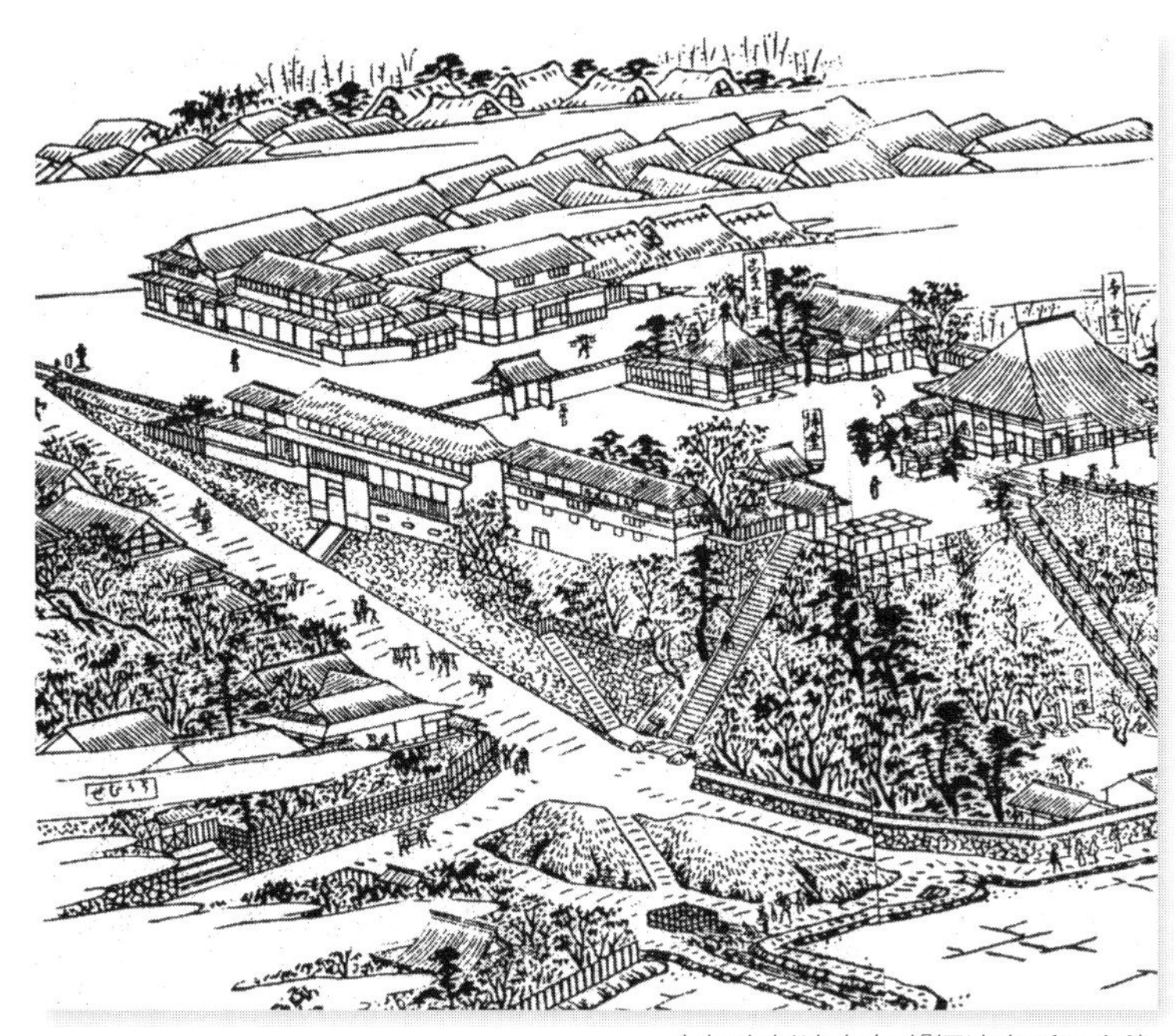

有栖山新清水寺（『摂津名所図会』）

南北朝・室町・安土と変われど都は京にあったが、文化の上陸地は浪速であったことには変わりない。安土から江戸時代には貿易の中心地は泉州堺へと移り、外国文化の上陸は「物の始まり、みな堺」といわれるほどに大きく発展する。その中に千利休による茶道の成立があり、その茶道に生まれたのが「懐石料理」であるが、いまひとつ京の寺院の貸席での俳諧のあとの軽い食事を元禄七年（１６９４）になって、大阪四天王寺の西にあった家号のない「清水の茶屋」の主が取り入れ、芭蕉と一門が句会をひらいたことから、時は下り元禄の末（１７０４）から宝永のはじめになって「浮瀬（うかむせ）」という料理茶屋に変身し、文化人達の様々な会に席を貸し飲食共に遊興をさせたことが料亭の始めであり、これより江戸へ京へと広がっていくわけである。

　料亭が遊興やもてなしの料理屋とするなら、腰掛（こしかけ）料理はもっと手軽な食事処。奈良茶漬・湯豆腐・田楽豆腐などの店は江戸時代の初期から賑わった芝居の町・道頓堀の櫓（やぐら）町にあり、芝居茶屋と共に繁盛を極めたとされる。一方、江戸に初めてできたとされる食事処といえば天和の頃浅草寺に「奈良茶」と称する茶飯に少し菜を添えた食事処であるがこれはかなり後のこと。

雪の浮瀬亭（『摂津名所図会』）

奈良の食は浪速が先で、大和から奈良時代の「奈良どうふ」や「茶」の文化もいち早く受け継いでいたことがわかる。大阪、また和歌山の茶粥食も元は奈良茶に習ったものであるといえよう。ちなみに浪速における「おでん（田楽）」なども、住吉大社の御田植え神事の「田楽」や四天王寺の雅楽伝授からの「伝楽」などの意味が加わっており、元は官弊大社であった生國魂（いくくにたま）神社の名物となって伝わってきたとされている。

　話を料理屋に戻すと、料理茶屋の「浮瀬」に発し、上町台地には次々と多くの料亭が現れ、その料理形式が会席料理としてまとめられていく。その膳組は、豪華な本膳料理と、簡素なる茶懐石の狭間ともいうべきものであったと推測できる。食べ残すことを前提に作る本膳料理に対して、食べ切れる「喰い切り料理」といわれたのは呼称の粗雑さ、無駄を嫌う商都・浪速人の気質の表れといえないだろうか。

　大阪料理は、上級はもてなし饗応の会席料理から、庶民や旅人といった客層には鰻料理・川魚料理・一膳飯・腰掛料理など、共に商用としての特定多数の客の舌に応えるため「喰い味」を基本に対応してきた。これに加え、大阪開港や明治維新と世は移り、川口の外国人居留地のために新たに「洋食」なる料理店の出現により、これまでの和魂漢才から和魂洋才への移行が始まる。一方、会席料理の料亭は明治後期より減少傾向が始まり、大正時代には会席料理のような定食ではなく、食材または品書きをみて客が食べたいものを注文し、これをその場で調理する「掛合料理（かけあい）」なるジャンルが浪速に誕生。明治後期から大正中期には大阪西区の新町などに始まり、調理（包丁さばき）風景を見ながら食事ができる「板前割烹」なる料理屋も数多く誕生してきたのである。そして、大正十二年の関東大震災の東京の復興と共に、関西の料理人が多く東京に入るようになり、関西の料理人とその味が首都をはじめ京・大阪・東京という三都を席巻するようになり、現代の日本料理の新たな礎を築くこととなったのである。

また戦争の時代を経る中で生き残った「花外楼」「堺卯」などに加え、「吉兆」「つる家」ほか料亭は大大阪時代そして高度経済成長を背景に多いに繁盛するも、その多くは貸しビルに業態を変えていった。そうしたビル内で日本料理をめざす者も多くあったが、かつてのように割烹店において一品料理を注文できる客が少なく、経営者は形式はカウンターでありながら、会席風のコース料理での運営を進めるようになったのである。

料亭「花外楼」（昭和10年頃）

料亭「つる家」（昭和10年頃）

三、日本料理と三都の料理

日本料理とは何か、様々に捉え方があるだろうが大辞泉には次のように記されている。曰く「日本の風土で独自に発達した料理、季節感を重んじ新鮮な魚貝や野菜を用い、刺身や煮物・焼き物・汁物・寄せ物など、材料の持ち味を生かした調理法にある。強い香辛料はあまり使わず器の種類や盛りつけにも工夫をこらし、見た目の美しさも尊重する」とあって、「持ち味を生かす」、「器の種類や盛りつけの美しさ・・・」などとおおむね京会席を意識した説明になっているのは朝廷が対外的に饗応のための形式料理に打ち込んだことが民間の商用会席料理に影響したものと私は考える。対外的とは海外向けに限らず、京の都から見る日本各地に対する観点からして、かつて帝都であった京の文化は日本の最高峰であらねばならなかったし、京の料理が日本料理の代表とするのが至極当然のことであるが、その意識は民と冠において果たして同等だろうか。江戸の人たちが京の味に馴染めず江戸独自の味を作ったように、それまでも各地の味の自覚があるのだから、同じ京にあっても当然なのである。したがって日本料理にも各地の生活や産する食材によって相違があって不思議ではない。では三都における「割烹」の相違はどこにあるのか。そもそも割烹とは、調理の意味と認識し、凡（およ）そ幕末までを歴史の馴に唱える。

浪速料理

浪速料理との呼称はまだないが、浪速国も地方同様にご当地の食材のみで生活していたのだから、もちろん郷土料理としての観点からは浪速の料理はあったはずである。だが、大和時代の三百年代、仁徳天皇によって都が置かれて外国との交流が始まり、初めて公式の饗応料理の形が生まれたと推定すると、ここに公式なる浪速料理の根元が生まれたことになる。しかし、これ（浪速国におけるもてなし料理）は現代人の想像しうる料理ではなかったのではないかと思われる。

都は幾度も移りかわり難波都はわずかな期間であったために浪速国は次なる朝廷への玄関口、つまりは商都としての料理を次第に創造することになった。そこに中国（漢）の国の技巧が和の料理として加わっていったために、浪速では常に新しい料理が生まれる土壌が形成されていったと考えていいだろう。またこうした新しい料理は、郷土料理のように特徴的なものではないが、一方では（もてなし料理だけでなく）各地からの旅人や商人に対する対応もあり、特定の食べ手ではなく、全国各地の味覚の異なる食べ手にも受け入れられる調理が求められ、またおのずから形作られてきたと見ていいだろう。

時代は移り、泉州堺が貿易の中心地となると、堺や今宮などの商人らによって塩魚や干魚に乾物も集められ、その調理と共に都へと運ばれた。さらに海外の野菜やその種子なども試作試食され、（運ばれたものの中から）都で抜擢された物（都好み）が「京の持ち味」に変えられるという道筋であったのではなかろうか。反対に、日本料理に「浪速料理」なる固有名詞があったとすれば、それは京の都とは異なり、民間の（選んだ）味が主体となって伝わった「喰い味」であったといえよう。

上方料理＝後の京料理

平安朝廷となって七代目、光孝天皇はことのほか料理に興味を持たれていたようで、在位は四年と短期であったが、天皇即位以前から料理道を求められ、その志は共に協力されたとされる四条藤原政朝によって受け継がれ、後に「四条流」と称する日本料理の流派を創始。後の朝廷は古式本膳料理・京の膳の形式を生んだことから民間も冠婚葬祭など公家衆の淡味好み（持ち味）と共に、これに習ったことが「上方料理」の発祥であるが、当時の京ではこの呼称は未だなく、江戸時代は寛延頃、初めて京の民間に料亭が生まれ、江戸の人達によって「上方料理」の名があがったといわれる。京は海から遠く離れているため湖河川の魚（淡水魚）が多く用いられ、海の魚介は少なく生麩・湯葉・豆腐のほか優れた野菜の調理に長けている。「京の持ち味」とは労働を要しない公家衆の淡味好みと共に、日本人の繊細な味覚をよく表している。

江戸前料理（後の江戸料理）

室町時代に太田道灌が築いて住んだ城に、後の徳川家康が入城し、民は江戸湾（武蔵野入江）の小魚を獲って調理したことに始まる。江戸前とは江戸城の前の意であり、その入江の幸と周辺の野菜や鳥獣を用いた料理となる。割烹（調理）のはじめは上方風を用いるが、武家衆と労働を要する開拓民の味覚に合わず、次第に甘辛の味に変わっていったといわれる。後には紀州湯浅から漁法が伝わり、鰹や鮪など大物の魚が漁獲されるようになり、野田醤油の発達に加え琉球の砂糖も入り、獣肉食などが加わったことも大きく影響したに違いない。江戸時代の甘辛味の「江戸料理」とは、武家衆と江戸の町づくりに汗する人達の大切な味であったに違いない。

大阪と川魚料理

琵琶湖を源流とする淀川や、奈良県から大阪湾への大和川ほか河川が多いなかに、市内では掘り割りとはいえど水路が縦横に張りめぐらされている。まさに大阪は水の都であった。交通も船を用いることが常のこと。したがって繁華街への船着き場には飲食店が並び、浜側には活洲（いけす）料理屋や鰻料理屋が集まった。現代では活洲といえば海魚とされるが、昔は活洲舟を川辺に繋いで泳がせているのは淡水魚であった。陸側に玄関を持つ料理屋は客が入るたびにこれらを掬い上げて調理するのであるが、鰻専門の店では大きな魚籠（びく）に入れて道頓堀川などに浸けてあったという。また広島からきて、橋の下に舟を留めた牡蠣船などは、牡蠣のない夏時期には川魚料理で乗り切っていたのである。

ここで元治元（1864）年頃の大阪の食風景を収めた画集『花の下影：幕末浪花のくいだおれ』（清文堂出版）から、川魚屋らしき店を拾ってみると、

○網島の「鮒字」
○南勘四郎町の「鮒歌」
○難波橋下の「あみ彦」
○新町の「大金」
○戎橋南詰の「生州大呉」
○長堀橋の「川魚うお利」

などがあげられている。昭和三十年前後、私の記憶では東心斎橋に川魚料理「あみ清」、南区戎橋の「川富」、千日前にも「川富」などあったが、もうこの頃には海の魚介も扱っていた。この界隈に数軒あった鰻の「いづもや」などでは、鮒刺しなども扱っていた。このように大阪には川魚や貝類専門の鮮魚店が多くあった。私の師は戦後に川魚店に始まり、仕出し料理店に転じたゆえに、屋号も「川喜」であり、その友人だった人の営む仕出し料理店は「川繁」と、共に「川」の字が入っていた。むろんのこと当時は毎日の料理にも川魚が使われていたのである。

四、近代三都の料理と喰い味

慶応三（1867）年、徳川慶喜の大政奉還によって鎌倉幕府から続いた約七百年の武家政治が終わった。新たに明治新政府となり慶応四年より江戸を東京と改名。京都から遷都し江戸の名は歴史上に残るのみとなるが、江戸の味が急激に変われたわけではない。国内での争乱はおさまったものの、海外との戦争が続いていたため、むしろ日本全体の食事情は向上というまでにはいかないうえ、味覚も以前に比べその繊細さを失っていったであろうことが推測される。ところが東京における味の事情は大きく動くことになった。それが大正の関東大震災後の東京復興による東西の料理人の行き交いである。これによって東京に大阪料理が板前割烹として伝わると共に、東京の新しくできた料亭には大阪の板前（料理人）が多く迎えられ、これまでの武家衆好みの味を主流とした江戸前料理は時勢の流れと共に薄れ、料理屋だけでなく民間においても大阪料理の無駄のなさや手軽さが受けるようになっていった。

第二次世界大戦の戦況が激しくなると、東西共に高級料亭の営業差し止めもある中で、昭和二十年の敗戦を迎え、それからしばらくは味の良し悪しといったことよりも、食にありつけることが有り難い時期であったといえよう。戦後の高度成長期そしてバブル景気に入ると、日本は再び淡味を取り戻すかに見えたが、必ずしもそうはならなかったようである。日本は北では塩味など濃く辛い味わいが好まれ、南では甘い味わい好まれる傾向にある。それがこれまでにもまして人そして食情報の行き交いが激しくなる中、首都である東京そして観光地である京都においても、多くの人が好む味わいでもある大阪の「喰い味」が必要とされてきたといえよう。

喰い味の変遷

　大阪料理といえば、各地の特産物を以てする地産地消の料理とも考えられる。とすれば郷土料理ともとれるがそうした呼称はない。大和時代に浪速（なみはや）の国に初めて難波津が築かれ、難波宮（高津宮）が造営されて朝廷が置かれたことを考えれば、当時の対外国であった漢の国からみた日本は倭国（和国）であり、先ずは漢人から日本食を意味する言葉として呼ばれてきたのが「倭食」ではなかったろうか。もしそうだとすれば郷土的浪速の料理を以て「倭食（和食）」、ひいては公式な「日本料理」の魁けとなったことになる。

　公式といえども土器や須恵器の時代であったことを思うと、料理といえるほどの高度なものではなかっただろうが、浪速の国とその周辺の食材で日本料理の基礎が築かれたとみて良いのではないだろうか。こうした倭食に、調理らしい技巧が加えられたのは十二代、景行天皇の御世。日本料理なる呼称もなかった時代ではあるが、対外国がある限り日本料理は浪速国に生まれたといえる。なれど難波都は後に幾度も遷都し、奈良から京へと移り、浪速は難波津という都への玄関となって残り、浪速は文化の上陸地として集まる人達の食を海外から持ち来る食材やその技法も取り入れ新しい和の味を創りだしていく。貿易の中心地は安土桃山から江戸時代には泉州堺へと移り、国内ではこの堺に茶の湯そして懐石料理が誕生することになる。

　日本全国のみならず海外からの定まらぬ味覚を持つ人達を頷かせる味「喰い味」を追求してきたところに元禄七（１６９４）年、四天王寺近くに「浮瀬（うかむせ）」ほか次々と料亭が誕生し、我が国初の会席料理店が生まれたことで「浪速の喰い味」が決定的となる。会席とは、目的は飲食のみにあらず、その上に多人数であり、懐石料理のように各人の嗜好に合わせることが不可能であるが故に「喰い味」が必要であるからだ（因みに『〇〇会席』など地名を冠するのは、大阪に発祥した会席料理との区別から生まれたものであると推測できる）。

飲食付きの貸席の形式に始まったのが会席料亭。それは元茶店（茶屋）に端を発することから「料理茶屋」とも呼ばれ、本格的な茶屋より一段格が下に見られていたようである。本格的な茶屋を重んじる京にとって料亭の受け入れが遅れたのは、こうした理由からもっともなことだと考えられる。

喰い切り料理と割烹

平安の朝廷の古式本膳料理の質素に対し、豪華を誇る武家衆の本膳料理と、茶の湯の懐石料理を合わせたものに大阪の「喰い切り料理（観せることや残すことを廃した、食べられる分量だけの料理）」があった。そもそも食事というものは、各家々において作られるものであったが、商用を目的にもてなしの場において調理場を設えて作るようになったのが、元禄末期に生まれた大阪料理であったといえよう。明治も中期になると、商人の勢いも弱まり、料亭は減少しはじめ、これまでからあった腰掛料理（食事処）の高級化したもの、つまり椅子席や桟敷席

【会席の歴史】

一六二九（寛永六）年
京二条寺町「妙萬寺」にて俳諧の会あり。このあとの飲食が会席料理の兆しとなる。

一七〇四（元禄末〜宝永初め）
大阪四天王寺西に清水寺「浮瀬」誕生。日本初の料亭と思われる。続いて一心寺北に「福屋」ほか次々と誕生する。

一七五〇（寛延二）年
京「萬亀楼」元酒屋より料亭となる。

一七五一（宝暦九）年
京清水寺下、南蔵院の経営にて京「浮瀬」（大阪浮瀬の模倣）

一七七一（明和八）年
江戸深川の州崎「升屋祝阿弥」誕生。

一七七九（安永八）年
江戸浅草に「浮瀬」誕生し、大田南畝の筆に取り上げられ、大いに売り出すが短命。（大阪浮瀬の模倣であった）

一七八一（天明一）〜一八〇〇（寛政十二）年
江戸に「八百善」ほか料亭が次々と誕生する。

一八〇〇（寛政十一）年
大阪「堺卯」誕生。

一八三七（天明八）年
京南禅寺「瓢亭」茶屋より料理茶屋へ。

一八四〇（天保十一）年
大阪生國魂「西照庵」「朝日野」ほか誕生。

一八四一（天保十二）年
大阪「堺吉」誕生。

一八六八（明治元）年
京都「伊勢長」「中村楼」は茶屋より料亭へ。

一八七五（明治八）年
大阪「花外楼」、天保年間より続いた旅館「加賀伊」が、大阪会議の時、木戸孝允によって花外楼と変わる。

の「割烹」と呼ばれる飲食店が現れた。明治維新から経済を東京に移しはじめた大阪の旦那衆はもとより、新たな文化人達はその手軽さもあって利用しはじめた。大正時代には、こうした割烹店形式に板場（調理場）の見えるカウンター席なども設けられて「板前割烹」なる形式を作ったことで割烹（調理）本意の料理屋が増えていくことになった（大正時代に大阪新町にできた「浜作」などもそのひとつで、当時のいわゆる椅子席から京都へ移ってカウンター席となり名を馳せている）。

掛合料理（かけあい）

　割烹つまり調理そのものを売り物にする店が増えてくると、作り手と食べ手が相対する場面もおのずと増え、互いの想いも伝わりやすくなった。そしてさらにエスカレートし、細かな調理の具合までも互いにやりとりされるようになり、これが「掛合料理」といわれるようになった。掛合料理はまたかつての喰い味を、味の上においてさらに個々に考えさせ変遷を迫るきっかけともなったようである。また大阪において受け継がれてきた喰い味なるものは、第二次世界大戦以後、高級料理が社会的に影を潜めることになり、以前とは随分と違ったものとなってしまったようである。私が修業を始めた頃の「喰い味」は、現代のものに比較すると相当に濃厚であったと記憶している。変わっていくのは味だけではない。日本料理そのものに対する捉え方にも様々な考え方が出てきたといえよう。

　私事で恐縮だが、当時私は日本料理が季節を重んじることから、季節料理という肩書きを屋号に付けた。スタイルは板前割烹であり、懐石料理の様に温かきものは温かく、冷たきものは冷たく・・」と一品づつ供する料理、カウンター席で供する季節の馳走（板前旬膳）なるものを昭和四十五年に始めた。その献立には牛肉や野鳥を使った和風料理も加え、また時には明治の懐かしい洋食も加える。それは彼の「浮瀬（うかむせ）」の客であった松尾芭蕉一門の松（蕉）風思想である不易と流行のバランスをモットーにしていたからである。

その後の万国博覧会では世界の国々の料理が料理界を席巻し、日本の若手料理人達は海外で修業すべく海を渡った。国内においてはエスコフィエ時代ではない新フランス料理なるものが東京で流行し、大阪にもその波が押し寄せた。そうした影響を受けた大阪料理界も、その技術を「和魂洋才」として和風にして採り入れ、板前割烹の店に「新大阪料理」ともいえる割烹（調理）を創出したのである。

五、喰い味と大阪淹汁（だし）そして浪速魚菜

大阪淹汁

「京の持ち味、浪速の喰い味」という格言のようなものがある。これは京の調味は公家衆の淡味好みが主流となるゆえに「食材の持ち味に僅かな味を加える」のたとえであり、一方、浪速は町方の味付けである。つまりは浪速では「持ち味を崩すことのない淹汁（だし）の味を加えて、より持ち味を深める」ところに違いがあるといえよう。また淹汁といっても、欧風のブイヨンのように、獣を煮出すようなものではなく、日本の鰹の「煮取り汁」でもない。その後に生まれた鰹節の煮出汁の、その軽い特徴（くせ）をも

和らげるために昆布との混合の淹汁を生み出したのは京も同様であるかもしれないが、持ち味第一とする公家衆の調味においてはさらに持ち味を引き立てるために、特徴の低い利尻昆布を用いた。これにより繊細な味覚が育てられたともいえようが、大阪の淹汁は昆布そのものにも持ち味の濃厚な真昆布を用いてきたところに違いがある。これはまた持ち味を大切にしながらも、町方の舌に応える手段として生まれた調味法ともいえよう。いまひとつ食材同士の組み合わせ、その相性によって採長補短（長所を取り入れ、短所を補うの義）とした喰い味もまた然りである。なれども「浪速の喰い味」を極めるのは主材料の持ち味を崩さずに、さらに深める淹汁が、陰の主役である。そう考えると淹汁とは、昆布と鰹節のみにあらずとなるのが大阪である。

そこで「浪速の淹汁」として主材料の持ち味を引き立てる淹汁の提案であるが、先ずは「出汁」から「淹汁」に変更し、従来の昆布と鰹節を短縮した「節昆布淹汁」、野菜と煮る場合はその茹で汁に節昆布を加えた「野菜淹汁」、煮干し・干し鯊・あご・鯖などの「干魚淹汁」に大根や蕪などの「乾菜淹汁」、鶏がらを使った「鶏粗淹汁」、大豆・米など「煎穀淹汁」に「干貝淹汁」、「干海老淹汁」、鱧や鯛の「保寧淹汁」をひき、各々適材適所に使い熟すことも新しい大阪の「喰い味」となるのではないだろうか。

多彩なる大阪淹汁

・節昆布淹汁　　鰹節　昆布
・野菜淹汁　　生野菜　昆布
・干魚淹汁　　干じゃこ　鯊　さば節
・乾菜淹汁　　大根　蕪　人参他
・昆布漿淹汁　　昆布入
・鳥粗淹汁　　鶏他
・煎穀淹汁　　大豆　米　粟他
・干貝淹汁　　帆立他
・干海老淹汁　　桜蝦　飛荒蝦
・魚粗淹汁　　鱧　鯛他中骨
・地味淹汁　　潮　丸吸他

浪速の魚菜

浪速には、魚庭・菜庭なる「なにわ」の異名があって、それは大阪湾と河内平野の食材の豊かさを謳う言葉であった。古くは海外からの様々な野菜や種子が入り、先ずは河内平野にて試植し、時の都へと運ばれた。浪速から全国へ広まった野菜が多いことから、浪速の陸は、菜の庭なのである。また大阪湾の居付きの魚介に加えて瀬戸内の魚介が大消費地であった浪速の海へと集められる。ゆえに浪速は魚庭とも呼ばれた。特に兵庫県の西宮戎神社は漁業の神で、その神が抱える魚は戎鯛ともいわれ、大阪湾に面する神社前の海、特に明石海峡と鳴門海峡の鯛を「前の魚」、「お鯛さん」、そして神の魚として扱われた。さらにこうした魚は大阪城の前の魚といった説まで生まれ、大阪湾に集まる魚介全てが「前の魚」と呼ばれるように至った。さらに時を経て江戸時代に入ると、同様に江戸城付近の魚菜を用いて調理することから「江戸前」の言葉が生まれたとする説がある。

　日本料理とは、季節を重んじ新鮮な魚介や野菜を用いることを基本姿勢であると考えるなら、大阪ほどそうした条件に適した土地柄は少なかったといえよう。その上に全国にわたる商いを通じ塩魚や干物そして乾物も（天和年間の頃）に大阪天満へと集められたことなどで、食材はどこよりも豊富であった。ゆえに大阪の料理は、他国の郷土料理のように地産物ばかりではないという特徴を持っている。さらには天下の台所といわれた大阪では食材を選び吟味する力が必要とされ、そして自ずと身についていくのである。

　ちなみに江戸時代（寛永十五年頃）の大阪で多く扱われた食材をみると、天満大根・天王寺蕪・木津瓜（玉造黒門越瓜）・難波干瓢・蓮根・ささげなどの名をあげることができる。また昆布に対する大阪的評価が日本における昆布のひとつの品質評価の基準として定着していた。またこうした食材を用いての大阪名物も多く誕生している。一例をあげるなら、鯛・飯蛸・新田西瓜・守口大根・田辺大根・金時人参といったものから、河内地方では、山桃・白慈姑（くわい）・黒慈姑・干瓢・菊花・河内蓮根。海産物が豊富な和泉地方では、鯛・岡田浦鰈などに加えて真鯛に黒鯛・鰯・鱧・鰺・鳥貝・蛤・赤貝などに加えて「酢」もまた名物であった。淡水魚では、鮒・鯉・鰻とあって、青物が少し少ないようだが、これは当時の朝廷では魚介類を真の菜「真魚（まな）」とし、野菜類を「粗菜（そな）」と定めていたゆえんであろうと思われる。

　新鮮な魚貝を主として獣肉はあまり用いないゆえに、香辛料的なものも使わないで調理できた。こうしたこともやはり魚庭・菜庭と誇るゆえんである。肉食の禁止令が出された時代においても武家衆は大いにこれを取り入れたとされたのは、闘争力を養うためであったろうが、上方や浪速においては刺激の強い食材そのものを求める必要性もなかったのではないかと考えられる。

六、料理屋の流れ

会席料理について

現在よく知られている「会席料理」は、上方では（元禄期に浮瀬亭で行われていた）俳諧の席の料理が発祥で、料理屋料理になったといわれている。一方、江戸では武家社会に生まれた「本膳料理」が略式となって町方料理へと移行していったとの説もある。いずれにせよ、食べ物を商いにした初めは辻売りの「喫茶商」といえる。そして店をかまえた「茶店」へ。続いて軽食を出す「茶屋」となりここから「引手茶屋（色茶屋）」やら様々な貸席を遣る者や、そうした場への「仕出し料理」を営む者が生まれて、やがて飲食を主とするが用途は多岐にわたる「料理茶屋（料亭）」と、必要に応じて仕出し料理を取り寄せる高級な「お茶屋」となって現在に至っているが、そうした双方の茶屋で共に扱う料理は「会席料理」が主となっている。

ちなみに、仕出し料理を取り寄せる茶屋を高級とするのは、料理そのものを格下とみる風潮があったからではなかろうか。

会席料理は、茶の湯の料理（茶懐石）と本膳料理を略式化してまとめたものとされ、各地の生活様式を取り入れた庶民の料理ともなった。ちなみに大阪では茶屋のひとつとして、大名蔵屋敷の役人などを振舞うために、「振舞茶屋」と称して、五十畳や百畳といった大座敷を作り、これらの茶屋には必ず一人ずつ板場（包丁を執る者）の真となるべき一通りの古今の（料理）式をわきまえた料理人を雇い置いた。

ちなみに、一八〇〇年までの四条流、高橋家の包丁門人をみると、町人が相当数いることがわかる。中でも大阪・京の町人がほとんどである。こうしたことを鑑（かんが）みると、上方町民料理にも公家料理の影響が色濃くあったと考えてよいだろう。

もともとの四条流では饗応の節など、賓客の前に先ず俎板を持ち出し、主人または調理に堪能なる者が板前に座り、調理法を魅せるのが第一とされていた。これを習った大阪町人は、明治末期から大正にかけ、包丁さばきを魅せる「板前割烹」の店に応用したと考えられる。

一方、江戸では武家諸公の留守居者は「升屋」などの料理屋を振舞いとして利用してきたことから、これが町人や旦那衆の間にも利用されることとなり、そこから武家包丁を習う料理人が多く出てきたと推測されよう。

関東大震災後の味の変遷

大正十三年の九月に起こった関東大震災で職を失った東京の料理人は多数大阪にやって来たが、長続きする者は少なかった。東京では震災後の復興が急速に進められており、料理屋は関西の料理人を多く招き入れた。これにより大阪式の料理屋が増えたために、東京人は居ながらにして、関東・関西双方の味を食することができたというが、実際は京都から東京へ行った料理人は非常に少なかったと聞いている。食材の持ち味だけではなく、大阪風の食材の味を生かした淡味の喰い味が東京新時代人の舌に馴染んでいったものと考えられよう。

震災から二十年余り後、今度は戦争で東京も大阪も焼け野原となったが、さすがに首都である東京の復興は速く、軍隊帰りの料理人も東京へと行く者が多くあった。大正そして昭和のこの二度の災害によって、いわゆる戦国時代からの江戸料理といったものは一部を残して関西料理が取って代わるほどに主流となったのは、俗に「京の持ち味、浪速の喰い味」という京の淡味と江戸の甘辛の味の中間にあたる大阪の喰い味が維新後の東京人の舌に溶け込んでいったからだといえよう。

楽天地裏

楽天地裏と称したが、明治四十五年の南の大火で千日前一帯から下寺町までを焼き払われたあとの地の一部のところに建てられたのが歓楽境の「楽天地」であるから、その裏通りということになるが昭和七年には歌舞伎座に代わっているので、この文章の載った『食道楽』という食の雑誌の発行になった昭和三年には「楽天地」はそろそろ終わりに近づいていた頃である。雑誌には「よくもまぁこうまで食べ物屋ばかり並んだものだと、大阪人の喰いしん坊に呆れざるをえない。・・・ここ千日前と南地を結びつけて『千南小路』と呼ぶことが近頃食通間に流行している。天麩羅の『喜久乃家』、即席料理の『福寿景』、鮓の『ざこ場』に『すし捨』『大吉』、かやく飯の「だるま」、中華料理の『上海楼』、鰻と鮪の『魚伊』や『出雲屋』、カレーライスの『自由軒』、野趣あふれる小料理の『魚礎』と挙げたらきりがない」とある。

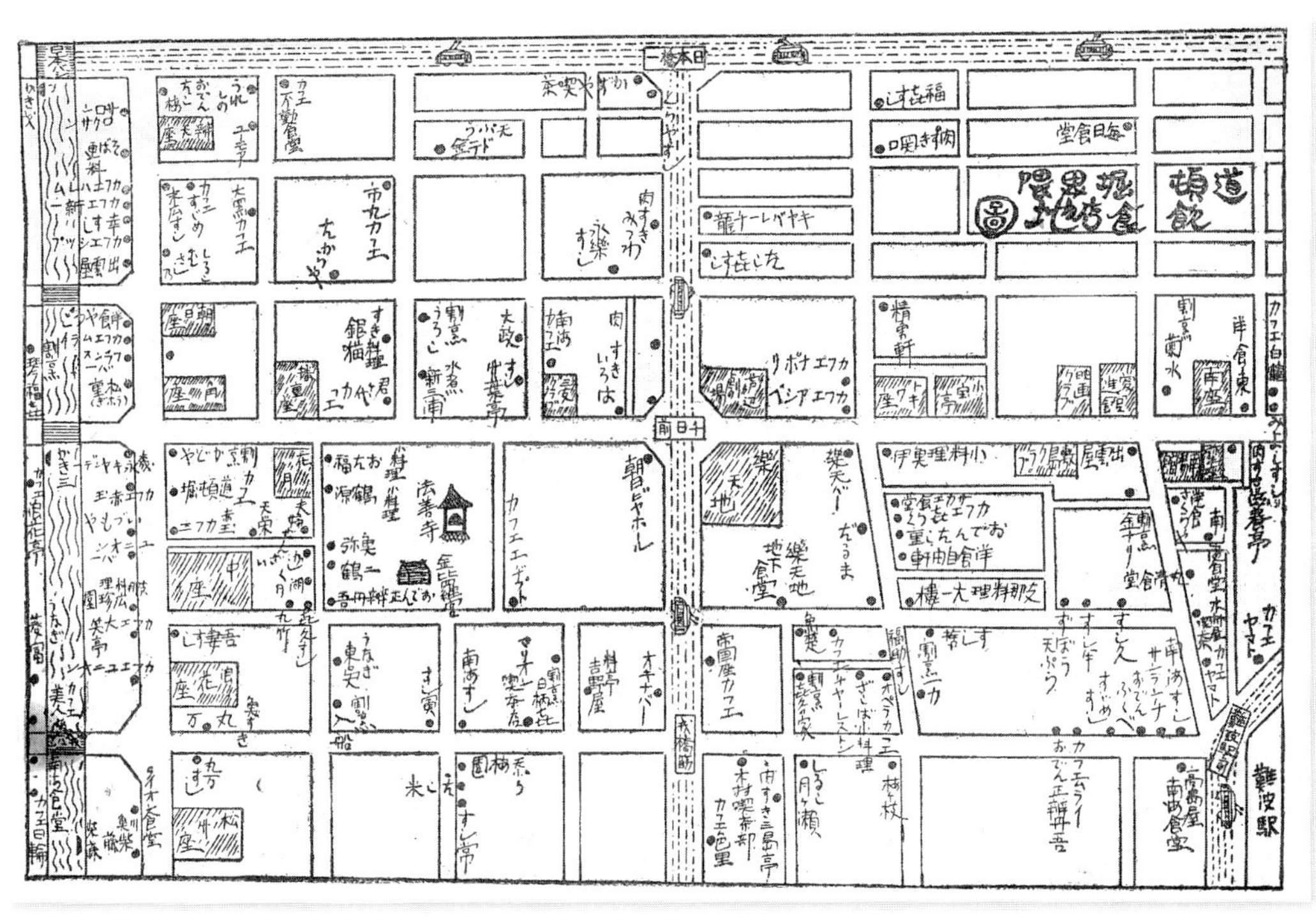

昭和５年道頓堀料理屋地図

牡蠣船について

大阪名物だったというべきか、大阪の味のひとつに大阪の橋下に繋がれた牡蠣料理の店「牡蠣船」があった。昭和四十年というから、私事ではあるが、私は独立をして小さな割烹店を持った年の暮れである、大阪市の方針で道頓堀川改修工事促進会が発足して、四十二年には牡蠣船立ち退き交渉が妥結し道頓堀での長年の船上営業に終止符が打たれたが、牡蠣船のあったのは道頓堀川だけではなかったのだ。『上方おもしろ草紙』（朋興社刊）によると、「広島の牡蠣船大阪に勢揃い」して、東横堀九之助橋に六艘、大川難波橋他に五艘、蜆川桜橋に一艘、西横堀京町橋・信濃橋・新町橋に三艘、長堀心斎橋と高台橋に二艘、道頓堀戎橋には「蠣三」、相生橋にも「蠣三」、日本橋にも「蠣三」など合計二十余りの牡蠣船が営業していたとあるが、昭和二十六年、私の知っている道頓堀川の牡蠣船では「かき秀」「環水閣」「春帆」などがあったが夏場には川魚料理で凌いでいたようであった。「牡蠣船」の繁盛した明治あたりでは川魚料理屋なども船を浮かべて「陸（おか）にしますか、船にしますか?」などと客の好みに合わせた商いを行っていたという。

そもそも牡蠣の養殖は江戸時代の初期の寛永の頃からで、それは船で広島から大阪へ来て売られるようになった。宝永五年のいわゆる北の大火は淀屋橋あたりから出火し、火は東へと拡大。公儀橋であった高麗橋にも火の手がおよび西詰に建てられていた高札が焼けんとした時に、橋下に船を繋いでいた仁右衛門が制札を船に持ちこみ、これを護った功績により牡蠣船営業の特権を得、その後「牡蠣船」の牡蠣料理は大阪名物となったのである。

毎年十一月の初旬より年を越えて二月の中旬頃まで、大阪の川々へ船を繋ぎ牡蠣料理をなして、嗜好家の口を飽かすことは、古来大阪の名物となった。その数およそ二十艘とある。

東横堀	九之助橋（蠣三）	高木三右衛門
同	久宝寺	松本竜右衛門
同	農人橋（蠣八）	松本吉兵衛
同	平野橋（蠣孫）	竹田又兵衛
同	高麗橋西詰（蠣三）	高木三右衛門
同	高麗橋東詰（蠣久）	中村軍太郎
大川	難波橋	竹村又兵衛
同	淀屋橋（蠣豊）	吉田重三郎
同	雑喉場	阿部善次郎
西横堀	京町堀	小西清兵衛
長堀	心斎橋	川田籐三郎
道頓堀	戎橋（蠣二）	山口仙三郎
道頓堀	相生橋（蠣二）	山口虎吉

このように各方面に割拠し、その料理法も船によりて相違あれども献立は大抵同じものにて次のごとし

かきめし	十二銭
蠣ぞうすい	十二銭
玉子まき	十銭
玉子とじ	十銭
なたねまむし	八銭
海苔まき	七銭
からまむし	七銭
酢がき	七銭
貝むし	七銭
わさびかけ	七銭

（明治二十九年）

船に女気なく、船頭一人勘定の取り締まりをなし、四人の若者は貝割りを受け持ち、一人は出前、すべて六人世帯にて、広島名産の平茎菜の漬物（を供するところ）をひとつの特色としていた。

七、明治時代の浪速の大阪料理屋

明治の大阪料理

明治期、大阪に料理屋の一団体として調理会なるものができている。ここに大阪西区西長堀にあった「岸松館」において供されていた新年の勅題にちなめる料理や、年中行事の献立を定めたものがある。

待合席

床　十二月の図（上田公長筆）

正月

・待合肴　あけぼの味噌（名古屋赤味噌）
・吸物　宝来海老　神馬藻　富貴の戸
・銚子　屠蘇酒

新年勅題　茶席

床　七五三の図（西山完瑛筆）
花瓶　不見齊作一重切
花　雪柳玉椿
菓子　雪餅青竹（高岡製）

会席膳部

二月（南都の水取）　汁　水菜　松明（たいまつ）　牛蒡（白味噌）
三月（野辺の色）　向附　菜種造り　さより（玉子黄味掛け）
閏三月（上巳）　煮物　蛤進丈　檜扇ちさ　櫻鯛麦切
四月（木芽度季）　飯　若芽飯（若芽を炊き込みたる飯）
五月（端午）　香の物　鎧（よろい）漬（瓜粕漬大根漬のだんだら盛り）
六月（土用丑）　引菜　鰻の蒲焼
七月（星の契り）　吸物　星豌豆（さやまめ）　結び水禅池（みずも）稲妻柚
八月（観月）　八寸　君月子芋（ふたつぎり）　宵鳴の鶉
九月（後の雛）　強肴　雛真鴨菊菜　寒露かげ（うすだし）
十月（戎講）　強肴　縮緬雑魚　加茂川染め（みずのり）　羽二重卸し（だいこん）
十一月（冬至祝い）　吸物（小茶碗）　膳哉（白餡汁）
十二月（早咲）　強肴　梅密柑（梅花の形に剝いたる蜜柑）

会席料理屋（明治二十八年）

○一力楼　堺大湊公園地
○はり半　心斎橋北詰東入
○播半　相生橋南詰
○花里楼　博労町三休橋角
○茅海楼　堺大濱公園地
○重亭　畳屋町宗右衛門町
○岸松館　鰹座橋北詰西入
○金屋楼　戎橋北詰東入
○河久　京町堀一丁目
○河又楼　京町堀千秋橋北詰
○川芳　堺大濱公園地
○第一楼　北久宝寺町八百屋町東
○玉川楼　京町橋西詰西入
○土田楼　江戸堀上通一丁目
○灘萬　浪速橋南詰東入
○南吉　難波停車場北入
○産湯楼　桃山産湯神社前
○魚庄　みなと橋北詰角
○丸水楼　瓦町浪速橋北入
○八百松楼　天王寺清水

○丸三楼　堺大濱
○松葉楼　平野町心斎橋東入
○鮒卯楼　北区網島
○富貴楼　宗右衛門町浪速橋角
○好静館　源正寺坂の上
○紅葉館　港町停車場北手
○江戸安　淀屋橋南詰西入
○天狗楼　順慶町堺筋東入
○朝妻　北野三番通
○青柳亭　源正寺坂上北側
○堺卯楼　平野町心斎橋筋東
○一陽楼　今宮商業倶楽部内
○さかえ　安堂寺町中橋東入
○銀水楼　中之島公園地
○明月楼　難波停車場北手
○松磯庵　千秋濱寺公園地
○備一亭　備後町一丁目
○静観楼　北新地裏町
○清華楼　北浜一丁目
○船山　唐物町東堀西入

魚道楽「一力」昭和十年頃

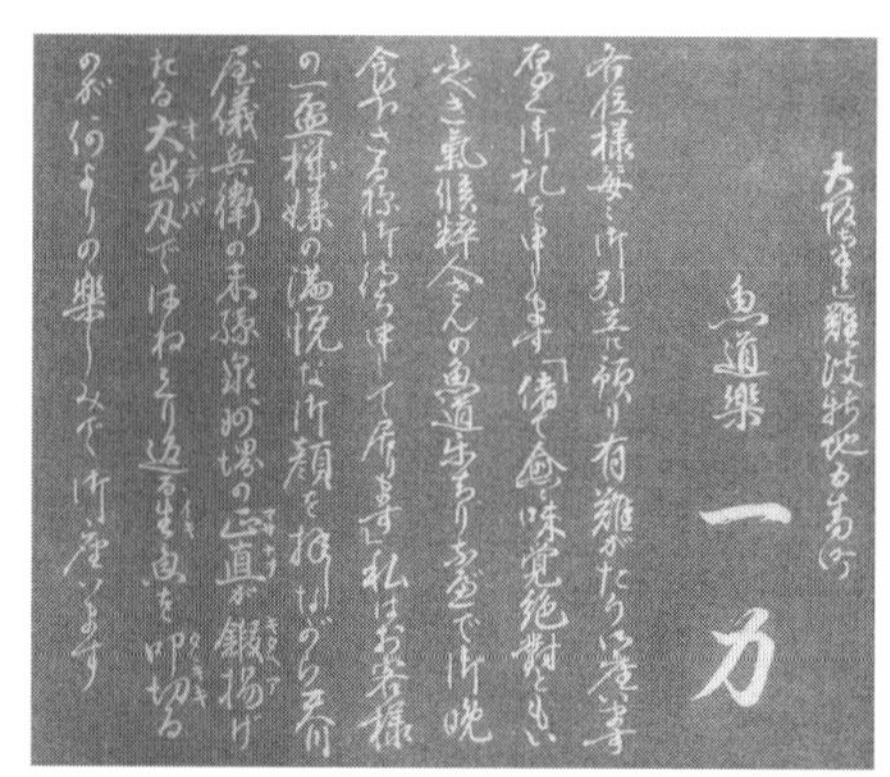

一力口上文

鰻・川魚料理屋

○市山　南地中筋戎橋筋東入
○伊勢萬　南地相合橋筋角
○加賀重　太左右衛門橋北詰角（現宗右衛門町）
○志ば藤　淀屋橋南詰
○柴藤　戎橋南詰西入
○菱富　北新地裏町
○新卯楼　新町橋西詰

芝居茶屋

○稲竹　中の芝居東隣
○河里　太左右衛門橋南詰
○高砂屋　中の芝居前（元中座）
○大吉　道頓堀浪速座前
○三亀　中の芝居前
○近安　中の芝居前濱側

○大阪著名旅宿割烹和洋料理鰻鷄牛肉すき燒遊散茶店

○著名旅宿
洗心館　草野キミ―北區中之島一
自山亭　仝―仝所
銀水樓　三浦幸松―仝所
専崎　専崎京―東區北濱二丁目
原　平原平兵衛―東區大川町
灘萬　楠本萬助―東區北濱二丁目
花屋　壺井秀吉―北區中之島三
花外樓　徳光伊八―東區北濱一丁目
紫雲樓　平川參右衛門―東區今橋四丁目
竹式樓　寶田寅之助―東區築地
北川樓　北川芳助―東區大川町
千秋樓　佐野テル―東區大川町
加賀家　武田彌八―東區北濱二丁目

○各割烹店
銀水樓―北區中之島一
與卯樓―東區平野町四
靜觀樓―曾根崎新地裏
丸水樓―東區瓦町二
富貴樓―島之内相生橋
辨慶菴―東區釣鐘町
花里樓―東區両替町
南吉―南區難波新地
呑春樓―眞田山
備一亭―東區備後町壹
一致倶樂部―天王寺逢坂
第一樓―東區北久寳壹
岸樓―西區幸橋
伊勢萬―南區阪町
金屋樓―南區戎橋北詰
岸松樓―西區問屋橋南
ゑち伊―横堀堀江橋南

○會席料理店
明月樓―南區難波新地
樂亭―東區唐物町二
緑亭―南區難波新地
紅葉館―南區湊町
産湯樓―桃山産湯
博樂亭―東區両替町三
青柳亭―南區下寺町
好靜館―南區下寺町

○精進料理
八百松樓―天王寺清水
雲水―茶臼山

○西洋料理
自由亭―北區中之島一
三好亭―東區高麗橋二
岩井亭―南區順慶町四
神戸亭―西區新町通三
天五樓―東區北濱二
魁陽亭―南區櫓町
一陽亭―南區戎橋北詰
岩榮亭―東區本町三

○鰻屋
東呉―南區難波新地
二熊―南區難波新地
八百松―東區道修町四
伯太山―西區江之子島
富貴―東區備後町二
播半―東區末吉橋通四

○川魚料理
柴藤―北濱四丁目
鮒宇樓―北區網島
瀬彦―東區北濱二

○鷄肉店
大豐―南區大黒橋北
鳥清―東區唐物町三
鳥安―南區櫓町
藤彦―西區南堀江下通壹
鳥六―大寳寺町心齋橋東
鳥菊―東區道修町四
鳥菊―西區新町橋西詰角
一富士―西區松島中町
泉清―東區本町壹

○牛肉店
改進亭―東區淡路町二
江戸安―東區大川町淀屋橋
北村―南區新町橋
江戸富―西區川口
新門亭―西區新町橋西
江戸留―北區中之島淀屋橋
二見亭―東區平野町五

○海魚すき燒
京與―南區櫓町
井筒―南區千日前
丸萬―南區難波新地

○天麩羅
梅月―東區道修町御堂筋

○四季遊散茶屋
北野村―鶴の茶屋
北野村―車茶屋
下三番村―朝妻
天王寺村―一ッ屋
木津川村―甚兵衛小屋
難波村―お多福茶や
難波村―一方亭
難波村―かもめ茶
泉濱寺―海濱院

六十五

万民必携日用重宝記（明治 26 年）

明月楼―明治中期

明治中期の大阪における料理屋は挙げればきりがないが、ここで「堺卯楼」の献立を見てみると、次の一〜三等のようになっている。一等には強肴五種を用い、二等には二種、三等は一種として等差をつける他に、汁物・向皿・煮物・八寸などにもどのような違いがあるかを窺い知ることができる。

新町においては、吉田屋・神崎屋・高島屋・木の本屋・折屋など、北の新地では住吉屋・綿屋・河佐・花善など、南地では久代屋・富田屋・大七などがよく知られていた。

	一等（上）	二等（中）	三等（並）
汁椀	絹ごし豆腐大角 ○葛たたき 土筆 ちんぴ	合わせ味噌 ○寒干大根 黒豆和らか煮落し辛し	合わせ味噌 ○干しかぶら 青のり
向皿	鯡のかき身 ○松菜 煎酒わさび	はぜ反身作り ○ばくたい 煎酒わさび	鯖幽庵漬 ○金柑輪切 鴨川のり だいだいず
煮物	鶉たたき丸 ○葉付牛房 白魚かけ 木の芽沢山	ぐじ筒切 ○大徳寺昆布 なめ茸	白魚葛よせ ○しきし若布 竹の子そぼろ 木の芽
香物	なた豆（粕漬）	沢庵大根ばち切	大根（新漬）
引菜	魴（まながつを） ゆうかんやき	小鯛 饅頭焼	鮒鎌倉焼 粉山椒
吸物	もづく（海藻） 針生姜	板わらび 咲梅干	粒神馬 針生姜
八寸	もろこ塩焼 ○鯛あめ煮 大葉百合根……	たいらげ ○むこみら からすみ 長路塩煮	生貝粕漬 ふきのとう 煮しめ
強肴	すっぽん骨抜 ○つと豆腐 煮出し	干菜 きざみ 煮出し	竹の子 ○海老小口切 煮出し
同上	尼鯛備前漬編笠づくり 橙ず ぼうふな	鯛作り ○青じそ わさび	
同上	きんこ よきあえ みうが竹		
同上	筍の子先きぬ皮 からし醤油あえ		
同上	酒盗 花がつを		

堺卯楼献立

堺卯楼ー明治中期

贔屓客

大阪の料亭が華やかなりし頃は、各々の店を支える客筋というものがあった。「大隈伯（重信）来たりて中之島の花屋に陣をとれば、板垣伯（退助）は銀水楼をしてこれに対する」といわれたように、何にしても大阪においては『喰う事』が、紳士特有の技倆（ぎりょう）のひとつであった。

- ・灘萬　北濱の株関係者
- ・但寅　堂島の米商関係者
- ・鮒宇　観世の謡いの定席
- ・森吉楼　朝日新聞社関係者
- ・槌田楼　鹿児島関係者
- ・自由亭　官史公務員
- ・みどり　浪花座など芝居関係
- ・丸水楼　紙問屋や木綿商
- ・相生楼　天満市場や酒造家
- ・吉常楼　砂糖商や菓子商
- ・備一亭　薬種商や莫大小（めりやす）商

三都の食材と味の異い

江戸時代の風俗史家でもあった喜多川守貞は京阪の料理屋の味について、「余、大坂に生まれ三十一歳にて江戸に下り住みて今年四十四歳。すでに十五年江戸に住す。京阪は美食と云えども、鰹節の煮出汁にて、これに諸白酒（清酒）を加えて醤油の塩味を加減すなり。故に淡薄の中にこそ、その物の味ありてこれを好しとなす」と記している。喜多川守貞の『守貞漫稿』には具体的な献立例もまた見ることができる。「煎茶に菓子、座付＝味噌吸物、口取肴＝甘煮と切り焼き肴等各一鉢。次に茶碗盛、刺身、以上酒肴なり。膳には一汁一菜と香ノ物」。おそらく味わいの三都比較なるものも、この時代からよく行われていたようであるが、これは食材の違いにも大きく関係しているといえよう。中でも魚介についての三都比較を行ってみると次のようになるのではないか

○大阪　鯛・鱧・鰆・狭腰・魴（真魚鰹）・目張・太刀魚

○京都　鱧・鯖・若狭甘鯛・諸子・天子・鷺しらず

○東京　鰹・鮪類・鰻・鱒・白魚・勘八・平政・鮭

これらに限るわけではないが、大阪の「白身」に対して、東京は「赤身」の魚を好む傾向が強く、京都は淡水・海水魚介が同等に好まれ食されてきたといえよう。

八、大阪料理のかつての名店

日本料理　まつ本

法善寺の水掛不動前の通りを北へ向かう。道頓堀筋へ出る手前左側に「まつ本」はあった。中座の楽屋口の前ということもあって芸人も座って居ることがあり、そのL字型二十六席のカウンターと、後の席はいつも満席だった。自ら包丁を持つ主人は淡路出身というだけに、鯛・ハマチ・烏賊・目板鰈・虎魚（おこぜ）など明石の魚介を自慢にして、実に見事な包丁さばきを魅せていた。食べ手はその食材を見て、「今日はあの魚がよさそうだ」と狙いをつけてオーダーするのがこの店での味わい方であった。

昭和三十八年の古い手帳をみると、突き出しに赤貝ぬた・鯛造り・若竹煮・目板鰈唐揚げに銚子二本とあるだけだが、刺身鉢に一面の糸切りレタスを敷いて大きめの切り身の鯛が十切れを越して並んでいたし、大きな鮪のブロックをドンと俎板（まないた）に置いて切りはじめると、たちまちに無くなっていく繁盛ぶりには驚いた記憶がある。

目板鰈の唐揚げには、酢橘と紅葉おろしと、葉葱を刻んで晒布でもみ洗いした洗い葱を薬味とし天（麩羅）露を添えてある。紅葉おろしと天露でピリッと片身を食した後は、残りの天露に今度は酢橘を絞り込めば（即席で）ポン酢醤油の味へと変わり半身を違った味わいで食べれるという塩梅である。この頃は目板の唐揚げが大流行で何処の店でもこのスタイルで供していたようだが、その発祥というか創案店がこの「まつ本」だという者もあれば、「濱作」だとする人もいたようである。いずれにしてもその原型は、天露に大根おろしを入れて流し掛けたものであったようである。

日本料理　笹川

　道頓堀川に架かる日本橋のその北詰東側には、道頓堀川を掘削した安井道頓の碑がある。その東側から西へ、即ち宗右衛門町へ入って直ぐ右側に日本料理「笹川」があった。その北側には小さな商店街があり、背中合わせに促成野菜を扱う店が、さらにその向かいには私の修業先である仕出料理の「川喜」がある。「笹川」の横を通る細い路地で結ばれていたこともあり笹川の板場（調理場）の者は顔見知りの上に、その料理長も私も共に部屋（調理師紹介所）に所属していたこともあり、料理研究会では共に議論を交した仲であり、非常に腕のたつ職人であった。

　ちなみに、調理師斡旋所は当時「入れ方」ともいわれ、その筆頭のひとつが清水繁次郎氏の「京繁社」であった。その全国料理展の案内には次のようにある。「関西料理は料理の粋を誇り全日本を風靡（ふうび）している。その陰には幾多の料理経営者及び調理士の先輩、それも名もない雑草と共に朽ちて報いられなかった無数の真摯なる人々の涙ぐましい遺産の蓄積である。この強固なる力の下に吾々はややもすれば惰怠を覚ゆる。その惰怠に限りない鞭を加えるのが本料理展である」と。

※大阪の調理師紹介所

- 京繁
- 京定
- あなごや
- 関西割烹調理師紹介所
- 京広調理師紹介所
- 秋山調理師紹介所
- 村上調理師紹介所
- 黒木調理師斡旋所
- 小西調理師斡旋所
- 西日本調理師斡旋所
- 大原事務所

（いずれも昭和四十六年資料より）

割烹　門三

　朝廷の式包丁「四条流」を教える会を発足するという情報を耳にした。会場は法善寺水掛不動（西向不動尊）の西門前の割烹「門三」。昭和二十九年のことだったと記憶する。若輩であった私は知人を介してやっと入会はできたものの、内心は不安でたまらない。この店の主人は腕利きだが厳しい人だと聞いていたし、修業先の「川喜」の大将に知られたら「早すぎる」と止められるに違いないが、休日開催であったことや子供頃から老け顔であったことが幸いしてか、どうにか紛れ込むことができた。ただ先輩たちと座敷に特別に祭った神棚の前に一同が座し長時間の説明を聞いていたため、足がしびれて動かず立ち上がれずその場に転んでしまった思い出がある。会場はその後、会員である重鎮によって持ち回りで開催が続けられた。その後は北区へと移ったために参加できなくなったが、この「門三」という店の料理を是非とも食べてみたく、意を決して暖簾をくぐったが、店主に断られてしまったことが思い出となっている。

割烹　清中

仕出し料理「川喜」の向かいにあった促成野菜の「上松商店」の老番頭は若い頃に精進料理の仕出汁店で修業されたといって、野菜はもちろん料理にも精通していた。この人に会うのを楽しみに仕入れに来る飲食店店主も少なくなかった。ここの野菜を使い毎日のように小茄子や胡瓜を浅漬けにして供していた評判の焼き鳥店に「樹の枝」があった。また同様にこの店の野菜を鋭い目利きで吟味して仕入れる店に割烹「清中」があった。三ツ寺筋は御堂筋角の三ツ寺の門脇にあったこの店の主人が野菜を仕入れにくる時は、きまってその仕入れの姿を見に出かけたものである。その仕入れ方というのは、野菜ひとつひとつを宝物でも扱うようでもあり、眼鏡にかなったものを見つけた喜びは、本当に嬉しそうであった。修業時代の私は、いつかはこの主人の作られた料理を食べさせていただきたいものだと願ったものである。

仕出し料理　川喜

私が修業に入ったのが昭和二十六年。すでに「仕出し料理」屋であったが、数年前は川魚を販売していたようである。僅か十八坪の調理場に経営者と料理長を兼業する「大将（主人）」と、向板、煮方、焼き方、揚げ方、飯場（めしば）、鮓場（すしば）の役職にそれぞれの助手と、食器を出し入れする五名の女性が立ち働き、十六名が自転車の出前と運搬車一台が、慌ただしく走り回っていた。

この店で作る料理は、会席料理に季節の一品料理。鍋物料理は、鉄ちり、寄せ鍋、魚すき、鶏すき、鴨、牡蠣土手焼。そして大阪鮓、握り鮓、散らし鮓、蒸し鮓、鯖や小鯛の棒鮓に親子丼、鰻まむし、幕の内弁当から折詰弁当まで。鮭茶と、他の料理の注文が入っても「出来ない」といわないのが大将で、毎日黒門市場の海魚と鰻に鮎、そして「かつぎ」の魚商からの淡路や明石の魚介に加え、近江八幡からは諸子や鰉（ひがい）や鮴（ごり）なども仕入れていた。川喜の主人は中国で終戦を迎え、上海で飲食店を営んでいたという変わり種であり、日本料理だけでなく中国料理にも経験があった。

割烹　手崎

宗右衛門町から畳屋町筋を北へ上がった右側に「清流」という料亭があったのは昭和二十年代頃だろうか。何時しかテナントビル「清流会館」となっていた。そのビルの地階へのスロープを下ったところに「割烹 手崎」と看板をあげたのは、私の独立した昭和四十年から数年あとのことであった。主人の手崎氏は私と同年で、数年前道頓堀にあった「割烹 汐之井」に勤めていた私が、奈良へ勤め先を変えた後を守り、人気を博した人で、奇を衒（てら）った塩梅を嫌い、地味で美味い一品料理やすっぽん料理そしてふぐ料理を作る人であって着実なファンを持っていた。しかし子宝に恵まれず十年ほど前に弟子の小川君に店を譲ったが、仕事は立派にできても年配客の相手は難しかったとみえる。板前割烹は技術が高いだけでは成り行かぬので、さらに勉強の場を求めて有名料理店へ移り、料理人としての幅を広げるべく邁進していると聞く。

明治から昭和にかけての、名店大阪料理十八番

灘萬	扇かまぼこ／白鱧の吸物
堺卯楼	厚焼／鱸のやえ作り
森吉楼	海鼠焚き／火どり白魚吸物
岸松館楼	鯛うす造り／鶉の焼鳥
槌田	味噌漬肴／薩摩汁
はり半	鰻／丸に松露の吸物
吉常楼	鯛てり焼／あられ烏賊
鮒宇	巻焼き／鯉味噌吸物
但寅	蟹味醂蒸し／鮎片身おろし
丸水楼	鯖うす造り／鱒の一塩焼
明月楼	蒸鰈／かすてら玉子
備一亭	鮭の味醂漬／むしり海老吸物
花　屋	鮑うす造り／子鴨進丈

魚嘉	うの花鯛／こち細造り
銀水楼	生鱒味噌漬／鍋焼の鴨
梅月	かす漬／海老玉子白身揚
相生楼	小鮒煮浸し／章魚柔らか煮
みどり	鯛鱧甘煮／栗の甘だき
菱富	鰻筒切吸物／小鮎塩焼
西照庵	蒸かれい／さらし鯨
網彦	鯉の吸物／烏賊の照焼き
柴藤	鮒の糸造り／鯉はね子吸物
魚利	鱧海胆和え／鱸の蒲焼き
丸萬	空豆甘糖煮／鱧さわらぐつ煮
花外楼	まな鰹照焼き／白魚もどき吸物

九、大阪の味について

汁・煮物の喰い味

大阪の味といえる料理を大まかに考察すれば、古くからの貿易港の街として豊富に集まる食材を手当たり次第に料るのではなく、先ずは我が国の風土に馴染ませ、広く日本人の味覚に添うよう、まろやかな喰い味に仕上げた料理は全て大坂料理といえなくもない。その種類はすこぶる多い。けれど大阪料理とする限りは和食である。さらに大阪人の気質に合った塩梅であるべきである。その筆頭に庶民の合理的な食べ物屋に「しる屋」があった。

まったりとした白味噌の汁に椀種は、餅鯨、どじょう、牡蠣、鱧、鯛と、お好み物を入れてくれる。人はこれらを喫茶代わりに利用する向きもあり、心斎橋筋は大宝寺町には戦前まで残っていたという。同じく簡便なものが「夜鳴きそば」…うどん屋台である。

同様に「おでん」も屋台だが、初めは天秤棒で担いで独特な売り声で売り歩く。串に刺したこんにゃくや子芋などの熱々を一方に温めた甘いどろりとしたオムシ（味噌）に漬けて進めるものは江戸の煮込みおでんに対する味噌おでんであって、店屋物のオヤツ代わりであり、後の「田楽」の元である。

ここで煮込みおでんの話であるが、大正の関東大震災後、人と共に大阪に流れてきた「おでん」と、これまでからあった大阪の味噌おでんとの区別のために江戸の「おでん」は、関東煮（かんとうだき）と呼ばれたのだが、この塩梅を濃口醤油から淡口醤油の薄色で大阪好みに仕上げたのは、北区の露天神社（お初天神）の入り口付近にあった「常夜燈」の初代であり、この商品に「関西煮（かんさいだき）」と命名したのは名優の森繁久弥氏であった。

豆腐は神に仏に

次に豆腐もまた古き大阪の味のひとつといえよう。古代に中国から渡来した豆腐は、奈良豆腐とも呼ばれたが難波津の開港以来、その製法は大阪にも伝わっていたらしく、寺の町でもあった上町台地に豆腐の名物料理が誕生している。それが「生國魂（いくくにたま）でんがく」や「高津の湯どうふ」で、高見台としても名のある両神社では、西に広がる難波江、そこに浮かぶ淡路島や帆船を眺めて、こうした名物豆腐を愉しんだであろう光景が想像できる。

また寺町としての精進料理にも大切な豆腐であったに違いない。精進料理は各寺でも作るが八百屋が兼業とする仕出し料理もあったといい、私が勤めていた店の取引先の青果店の番頭の話では、仏事にも魚介を用いて差し支えなしとなって、普通の「料理仕出し店」が寺院に運ぶこともあったが、それでも頑なに「精進を」という要望もあったが、味付けの淹汁のことだけは見逃していたようである。

食は道頓堀から

さて寺院の仕出し料理ではおおむね会席料理であるが、尾頭のつけた魚介はさけて作った。こうした料理も時代を経て略式化されるにつれて、幕の内弁当または折り詰め弁当が利用されるようになっていった。よく知られている幕の内弁当の始まりは平安朝にあるとされる。もとは貴族の饗宴で庭などで出された軽い食事「屯食（とんじき）」だとされ、江戸時代になると芝居の関係者のための軽食となり、やがて役者が楽屋で摂る食事となった。さらにそれを役者の贔屓客が習って、芝居の幕間に食べるようになると酒などを持ちこむ者が現れ、より観劇での飲食は派手になったといわれる。即ち幕が降りている内に食するという弁当というわけである。

私事ではあるが、大阪千日前に歌舞伎座があった昭和二十年代、団体の客の依頼でこの幕の内弁当を清酒の小瓶と共に出前した後、場内後にて立ち見したのが懐かしい想い出となっている。

道頓堀筋と今では呼んでいるが、櫓町が正しく道頓堀五座の櫓があり、そこには俗に「いろは茶屋」と呼ばれる四十八軒の「芝居茶屋」が並んでいたという。その茶屋は各々観劇客の求めによって料亭や仕出し屋、はては近隣の鳥料理・鰻料理・洋食屋などからも取り寄せて観劇客の一切の面倒をみる。客は芝居がはねると次は二次会とばかりに道頓堀川を渡れば茶屋に高級料亭、気軽に一杯といきたい場合なら法善寺界隈と、このあたりはまさに喧噪収まることのないところ。大阪の飲食そして味は道頓堀の五座の芝居とその客達の世話をする茶屋を中心として栄え培われたといっても過言ではない。

別の項でも書いたが、大阪の河川に架かる橋下には、広島から運ばれて船内で商う牡蠣料理の店「牡蠣船」が多かったが、この船料理の魅力に習っての川魚料理は別名「活州料理」とも呼ばれた。陸上には鰻専門店もあるが、たいていはこの橋の袂から川辺へ下りる船上商いの店で通りに面していないために看板を取り付けることができず、「萬川魚料理」の木製灯燈形の置き看板であった。

東の握り、西の筥鮓

さて鮓の味にも触れておくべきだろう。江戸の握り鮓の初めは文化文政だといわれ、少し遅れて大阪心斎橋は大丸前にあった「福本ずし(後の福寿司)」の筥鮓(大阪鮓)が生まれた。その後の天保十二年にそれまでの旅籠から転業したという大阪東区淡島町の筥鮓の老舗である吉野鮓は今も盛業中である。

時下って明治二十六年、順慶町にあった「すし常」が、小鰭の成魚である鯯を開いて酢〆にし舟形の手押し鮓を作った。初めは売れなかったが、その後、水上警察が市内の川をバッテーラと呼ぶ短艇でパトロールしていたそのボートの形に似ていることから「バッテーラ鮓」と呼ばれて次第に評判となった。大衆が求めるようになり需要も増えてきたのはよかったが、肝心の鯯の値が高騰し、次第に鯖が代用して使われるようになり、また専用の押し型が作られ量産が図られるようにもなり現在のバッテラとなったようである。

さて鯖鮓といえば京名物であるが、大阪で

は「鯖松前鮓」で、道頓堀は戎橋南詰に、昭和末期まであった「丸萬鮓」。鮓飯を練り込んで作った棒鮓に松前昆布を巻き締めて密閉して日持ちの良さを狙ったもの。「松前鮓」で登録商標として売り出したことで大阪名物となった（その後「丸萬」が登録を取り下げ、今では一般的な名称となっている）。

もうひとつ、大阪名物鮓で記しておかねばならぬのが「鮨萬」自慢の「小鯛雀鮨」。四百年近い老舗であるが、天明元年のそれまでは難波江に群れる江鮒（鯔（ぼら）の幼魚）を腹開きにし、飯を詰めて漬け込んだ鮨が富久良雀の形であったことで「雀鮨」と呼んでいたが、この年に御所から所望された石本萬助は、江鮒では失礼として明石産二年子の小鯛を用いたことから「小鯛雀鮨」となったと、数十年前だが番頭の今は亡き本田氏に聞いたことがある。同様にミナミには心斎橋筋から鰻谷へ東入りした当たりに「雀ずし・瓢箪家」があった。昭和二十七年頃の記憶であるが初代は淀屋橋の「丸政」で修業して後、西区新町の俗称・瓢箪町で開店し、後にこの場所に移ったとのことも誰かに聞いて憶えている。

鶏料理

大阪においても、いわゆる鶏料理という店は何処にもあった。特に博多の「水炊き」は大阪にも京都にもあって有名となっていた。特にこれを大阪料理とはいえまいが、大阪では鶏肉を売る店にも「鶏すき店」にも、その看板には「かしわ・ひる」と書かれてあった。

当時の大衆酒場ではよく店前の看板には「貸し売りお断り」とあったことから、鶏すき店だけは「昼ならこの店は貸し売りしてもらえるな」といった笑い話にもなったほどである。

「かしわ・ひる」とはさにあらず。「かしわ」とは、小形で枯れ柏葉色の鶏のことを意味しており、「ひる」とはつまり合鴨・家鴨（あひる）のことで、共に大阪河内の名産であった。

明治時代の鶏すきの店を拾ってみると、島之内の「大豊」、新町の「鳥菊」、道修町の「鳥清」、堀江の「鳥安」そして曾根崎新地には「鳥幸」、新町と宗右衛門町には「はり半」などがあった。

料亭「播半」

ちりなべで有名だった割烹「若菜」

鍋料理

さて次に「鉄ちり」であるが、そもそも「鉄」とは何ぞや。これはつまりは河豚（ふぐ）のことで、鉄砲の弾に当たれば死ぬことから略して大阪では「鉄」。また江戸では滅多に当たらないことから、富くじをもじって「富なべ」ともいった。東京の命名の方が洒落ているが、では「ちり」とは何か。ちりとはチリチリの略で、即ち縮むとの意である。「鱧ちり」のようで河豚も同様に刺身のように切ってシャブシャブとやったことが「鉄ちり」の始まりといえよう。

魚すき料理屋「丸万」

現代でいう「鉄ちり」は骨付きのぶつ切りの鍋物は「河豚鍋」と呼ぶべきもので、その同型には「鯛ちり」や「魚ちり」がある。

同じ鍋でも影を潜めた大阪の味ともいうべき鍋に「寄せ鍋」がある。たっぷりの割下は淡口醤油に吸い出汁で塩をあてた白身魚・鶏肉・海老・蛤に焼き穴子・かまぼこ・生麩・湯葉・百合根・ぎんなん・葱など三十数種もの炊き喰いをする鍋物である。

炊き喰いといえば「はりはり鍋」もまたそのひとつで、別名を「水菜の炊き炊き」ともいう通り、水菜が主役の鍋。相手役には庶民的にして値も当時は安かった鯨のコロ、少々上級になると鯨の尾ノ身の薄切りをしゃぶしゃぶとやる。どちらも食する分だけ箸にもって割下の中で「の」の字を描くほどがちょうど食べ頃で美味だと教え、これを「のの字喰い」としたのは、宗右衛門町の堺筋より東大和町にある鯨料理で有名な西玉水の乾竹治郎氏（故人）であった。同氏は私の師であった乾喜代三氏の兄君でもあることから、その昔西区新町にあった鯨料亭「西玉水」へ、師は私を伴ってくれた想い出がある。

大阪での鍋といえばやはり「すき焼き」。初めは鹿肉であり場所は東区本町橋東詰で、時は天保の頃で、冬期に限り道端にゴザを敷いて食べさせたとあり、牛肉が売り出されたのは嘉永四年で、行灯には「山どり」と書いてひそかに煮売りしていた、と篠崎昌美氏の『浪華夜ばなし』にある。

天麩羅

昔の大阪で「天麩羅」といえば魚介のすり身を平たく伸ばしして油で揚げたもので鹿児島でいう「つけあげ」。大阪では別名「平てん」のことである。小麦粉の衣で揚げるのは「東京天麩羅」と称したが、何時のことか東京でこの天麩羅を習って帰った平野町の天麩羅「梅月」の初代は、この天麩羅を広めようと苦労を重ねて屋台車を引き、町を売り歩いたという。後に御霊神社前で開業して大当たりすると、これをきっかけに屋台の「天麩羅」が増えたそうである。この頃、まだ胡麻油の香りの東京天麩羅であったかどうか私には分からない。

　屋台の天麩羅ができてこれを食べてみたいが、旦那衆には格好が悪い。そこから生まれたのが「お座敷天麩羅」。これも先の「夜ばなし」にあるが、遡ると江戸時代には大名の座敷で天麩羅を揚げる絵も残されていることから、江戸では大層な流行食であったことがうかがえる。

料亭から割烹店へ

　さていよいよ会席料理の話であるが、その元は俳諧の席での打ち上げの軽い飲食に始まるとされ、後の寛永年間に大阪四天王寺有栖山清水寺の参詣客めあての茶店とした、俗に「清水の茶店」が、次第に飲食も伴う貸席となり、さらに元禄末から宝永の初め頃には料理茶屋の「浮瀬（うかむせ）」として名を馳せたことで様々な会合の貸席の打ち上げに供された料理が「会席料理」と呼ばれるようになる。

　その形式とは室町時代に武家が作った食べきれないほどの豪華を誇る「本膳料理」と、簡素なる茶道の会席料理からヒントを得た「喰い切り料理」であったとされるが、いずれにせよ料理とはこれまで各家々で調えて饗するものであったものが、料理茶屋が全てを引き受けるとあって重宝されるようになった。本膳料理であれ茶懐石であれ料理茶屋に頼ることになり、挙げ句には茶懐石とはいえぬ豪華な会席料理を供して「懐石料理」を名のる料亭さえ現れたのである。料亭とは「庭」を持つことが約束（条件）であり、主として座敷席であるが、「浮瀬」は西に海と淡路島松の情景を利用していたと思われる。後の一心寺前の「福屋」は庭が自慢であったらしい。

　さて会席料理の膳組みとは、本膳料理に主となる脚つきの膳（本膳）に吸物膳と呼ばれる平膳とが基本であるが、会席料理は、食べ手（客）の好き嫌いを問わずに出され、食べる食べないにかかわらず代金は請求される。好景気のうちは良しとして長年続くも、やがて明治維新の景気も追い打ちとなってか、食べ手は己の好きなものを好きなだけ食べたいという浪速人の考えもあったろう。この風潮を察知する料り手（料理人）もあった。

そこに昔からあった、時代劇に見る酒飯店の「腰掛料理」を上級にした即席一品料理の「掛合料理」が現れるのである。掛合とは、食材を見て客は食べたいものを注文するシステムであり、その場で作るので「即席料理」ともいうが、板場（調理場）が見えるわけではない。だが、「割烹」の文字はこの辺りから使われるのではないか。

そんな「割烹店」の中で著名なのは「福丸屋」「魚治」などであり、双方から取った屋号の「丸治」は、船場の心斎橋筋にあって私も二度だけ暖簾をくぐったが、昭和後期には閉店したようである。記憶を辿れば、たしか黒っぽい三和土の上に分厚くて大きな欅の食卓があり、よく研ぎ込まれていたが、カウンターではない。小上がりの桟敷もあり、麻の紐でつないだ品書きの木札には、蟹、海老、鯛、鰆、筍など食材の名があるのみで料理名はない。つまり食べ手がそれを見て「鯛の生ちり（薄造り）と筍の土佐煮ください」といった具合に注文する仕組みである。

生魚の即席料理「多幸平」昭和十年代

昔は身体をよく動かしたせいか、この頃の一皿の分量は現代の比ではないほど多く、またそうした料理を盛る器も自ずと大ぶりなもの（実利の町である大阪らしく掻敷（かいしき）なども極力少ないもので）あった。そして肝心の味はどうかというと、まったりとした喰い味の大阪料理そのものであった。ある長老の話によると先の「丸治」の子息が他の職を選んだがゆえに当代限りで閉店に至ったそうで、もっとも大阪的な味を供していた割烹店の灯が消えたことは誠に残念である。

割烹店から板前割烹へ

割烹店の灯が消えたと書いたが、実はそれ以前の大正期頃から大阪の南や西区の新町などにおいて、板場が見える形式の店が流行しはじめていた。いわゆるオープンキッチンである。客席と板場を挟むようにあるカウンター越しに、料理長や店主と客が直接にやりとりのできる形式の「板前割烹」として変わりはじめていたのである。俎板（まないた）の前で華麗な包丁さばきを魅せることから「板前割烹」。日本で割烹とは文字通りで、「魚肉を割き、菜などを煮（烹）る」の意。即ち調理のことゆえに、食べ物を調えることであることから調理するところ、すべて割烹が必要なのであるが、料理屋のうちでも料亭との区別のために、座敷や庭を要しないで飲食のみを主とする料理屋を「割烹」と表現するに至ったと思われる。

ちなみにカウンターとは広義においてはレジカウンター（勘定台）のことであって、その昔に接待主である常連客が、料亭に客を招待する場合の打ち合わせ時、常の座敷ではなく料亭の女将の帳場（勘定台）に座り、勘定台（レジカウンター）越しに一献いただきながら（接待の仕方や料理の選定などを）話し合ったことにヒントを得たものである。

第二章

戦前〜昭和 大阪料理50選

明治～大正そして昭和にかけて、主に大阪の料理屋でよく供されてきたもの、また中には大阪の各家庭でも親しまれてきた代表的な大阪の味を選び解説する。江戸期からの伝承的な大阪料理も含まれているが、いずれの料理写真も大阪料理会会員等が現代に通じる料理という解釈で調理したものである。

選　上野　修三

文　笹井　良隆

鱸（すずき）の洗い

鱸の洗いといえば、大阪の夏のご馳走。汽水域で獲れる魚だけに、独特なクセを持っている。こうしたクセを落とすために酢味噌で賞味されることが多い。

そもそも洗いという料理法は刺身のひとつだが、元来は生きていることを条件とし、洗いたてでなければならない。三枚におろした活けの鱸を薄造りにして冷水で洗うと身は縮む。こうした洗いの作業は手早くする必要があることから、大阪では割烹仕事に相応しい料理ともいえよう。また脂を落とさない程度に洗う、その技にも熟練が求められる。

ちなみに、大阪湾の鱸は昔は淀川を遡（さかのぼ）り、枚方（ひらかた）市あたりまで来ていたとの記録がある。こうしたところで獲れた鱸は生魚として京都まで運ぶことも可能であったことから、「鱸庖丁（すずきぼうちょう）」なる狂言もできたのではなかろうか。

料理／浪速割烹 㐂川 上野 修

材料
スズキ
ラディッシュ
紅たで
わさび
大葉
梅肉醤油

作り方
一、スズキを三枚におろして皮を引き、そぎ切りにする。
二、氷水に落として身を引き締め、水気を拭き取る。
三、大葉を敷いた器に盛りつけ、薄切りしたラディッシュ、紅たで、わさびを添える。
四、梅肉と刺身醤油を混ぜ合わせた梅肉醤油を添える。

黒鯛（ちぬ）の洗い

大阪湾の別名を「ちぬの海」と呼ぶ。何故のことかは諸説あって定かではない。茅渟（ちぬ）の「渟」が沼であることから汽水湖であった大阪湾につけられた名称なのか、神武天皇の兄である彦五瀬命（ひこいつせのみこと）が戦傷による血を洗ったことから「血沼（ちぬ）」となったのか。いずれにせよこの大阪湾でよく獲れた黒鯛がチヌと呼ばれるようになった。

旬は夏とされているが、冬時期もまた美味である。雑食性の魚ゆえにクセがあることから、洗いで食する場合でも酢味噌がよく合う。夏に味覚を落とす真鯛に代わって、チヌと鱸（すずき）は大阪の夏のご馳走であった。また真鯛に比べ安価なことから広く大衆魚としても好まれてきた。

このチヌの幼魚を「かいず」ともいう。泉州ではこれを焼き干しとし、玉葱と合わせて炊く料理があったそうである。かいずが泉州地方の某所をさす古名であり、そこからついた名とする説もあるが、これも定かではない。

料理／浪速割烹　㐂川　上野　修

材料

クロダイ（チヌ）
きゅうり
花つききゅうり
辛子酢味噌

作り方

一、クロダイを三枚におろして皮を引き、そぎ切りにする。
二、氷水に落として身を引き締め、水気を拭き取る。
三、器に盛り、桂むきして両側から巻いたきゅうり、花つききゅうりをあしらう。
四、練り辛子、白味噌、砂糖、薄口醤油を混ぜ合わせた辛子酢味噌を添える。

すすり鱠(なます)

鱧(はも)は生命力の強い魚であることから、生(活)魚で大阪から京都へ運べる数少ない魚のひとつであった。それゆえに京都では夏の祇園祭には鱧がもてはやされる。しかし大阪で本当に鱧を愛でるのは脂がのりさらに大きくなった秋である。

その食し方として古くから大阪に残されてきたのがこの「すすり鱠」。江戸中期、大阪の飛脚問屋の主人で、歌人であった大江丸は句集『俳懺悔(はいざんげ)』の中で次のような句を残している。

『鱧たたく　音は隣か　菊の花』

当時の大阪では、家庭で鱧を骨切りするのではなく、庖丁で叩いて細かくし、身肉をこそげてこうした料理を作り、秋の味覚として愉しんでいたのだろう。

この料理は何より鱧が新鮮でなければできない料理である。瀬戸内に連なる大阪だからこその料理といえよう。夏から秋への季節の変わり目で、食欲も細くなりがちな時期。鱧の身肉に家庭なら生卵やととろ芋、料理屋なら真昆布のだしなどにすり流し（溶き入れ）、食べるというより飲む感覚で食べられる。いかにも大阪らしい合理的な料理への発想も垣間見ることができよう。

料理／浪速割烹　㐂川　上野修

材料
ハモ
とろろ
わさび
じゅんさい
青海苔

作り方

一、おろしたハモを身側を上にして包丁の裏で叩き、身をこそぎ取る。

二、すりこぎですり、とろろ、真昆布だし、塩、薄口醤油で味つける。

三、わさびの軸を包丁でつぶし、湯を注いで香りを湯に移す。さまして漉し、水わさびを作る。

四、水わさびを少量加え、じゅんさいを加える。青海苔を飾って仕上げる。

鯉の洗いと鯉の細造り

鯉は大阪の歳事食としてもよく食べられた川魚である。端午の節句では龍門を登り得て龍と成る、との言い伝えから生き造りなどにもされた。いわゆる鯉の鱠（なます）料理には大きく「洗い」と「細造り」がある。洗いでは薄造りとして、細造りの場合は川の流れをイメージさせるように庖丁がなされた。

また鯉の細造りに、産卵時の鯉の卵を茹でて粒状にしたものを混ぜ合わせての「山吹造り」も大阪好みの鯉料理であった。

庖丁の技を競った大阪では、尾頭つきの鯉の骨を大鉢に寝かせ、造り身とした肉を骨にそって盛り戻す。そして最後は皮を身の上から原形のままにかぶせて、今一度生き返ったかのように見せることでひとつの演出としたそうである。

生き造りにおいても味噌との相性はよく、酢味噌に和辛子といった組み合わせが山葵（わさび）醤油よりも定石のつけだれであった。

料理／割烹　味菜　坂本 晋

材料
コイ
大葉
大根
わさび
おろし生姜
酢味噌
刺身醤油

作り方

一、コイを大名おろしにし、内臓と卵を取り、皮を引く。

二、三枚におろし、ひとつの身は薄造りにし、そのまま細造りにする。

三、もうひとつはぬるま湯で洗い、氷水にさらす。身が波打ったら、氷水から引き上げ、水分を拭いて湯がき、卵を造り身にまぶす。

四、器に氷を入れて大葉をのせ、コイの洗いと細造りを盛りつけ、大根のけんを飾り、わさびとおろし生姜を添える。

五、刺身醤油と酢味噌を添える。

水貝

水貝は鮑(あわび)料理の中でも最もダイナミックな食べ方であろう。海女が採った鮑をその場で塩水に洗って食べるといった、まさにそんな風情を食べ手に与える料理屋仕事だといえよう。

大阪では水貝という料理を、「生貝」とも呼んでいたようで、夏の割烹料理のひとつと位置づけてよいのではないだろうか。

関西には伊勢志摩の三重県や徳島や和歌山など鮑の名産地とされるところが少なくない。

水貝の真骨頂は、鮑そのものの甘さと香りを楽しむところにある。それ故に新鮮な生鮑の表面に塩を擦りつけ、石のように硬くなったところを粗く切って、塩水に浮かべながら、そのまま食するのが定番だが、好みで二杯酢を添えることもある。いずれにしても鮑にはそれ以上は技をせず、また何も加えない。

この料理では鮑はコリコリと硬いものをもって上等とするので、クロアワビやマダカアワビといったものが選りすぐられる。

料理／日本料理　喜一　北野博一

材料
アワビ
うど
にんじん
花つききゅうり
塩水

作り方
一、アワビを殻からはずし、肝を取り除く。そぎ切りし、塩でもんで身を引き締める。
二、うどとにんじんはそれぞれ桂剥きして斜めせん切りにし、冷水に落として巻きつけ、撚(よ)りうど、撚りにんじんにする。
三、器に2～3％の塩水を張り、アワビ、撚りうど、撚りにんじん、花つききゅうりを入れ、氷を浮かせる。

鯛の生ちり

料理／浪速割烹 㐂川 上野修

「ちり」とは、解しやすくいうなら「しゃぶ」と考えてよいだろう。鍋など熱湯の中で身をしゃぶしゃぶすることで身がちりちりと縮み上がる。すなわち「縮み＝ちり」である。こうした「ちり」を食べるためのつけだれを「ちり酢」と呼んだのである。

鯛の生ちりは、あくまで生のままで熱を加えないが、この「ちり酢」で食べる料理であることから、この名がつけられた。

さて、この「ちり酢」という言葉は今ではほとんど使われなくなり、すだちなどを使ったポン酢がこれに代わっている。ポン酢の語源を考えるなら、「ちり酢」と同様に元はすだちではなく橙（だいだい）を原料としていたのであろう。

同様に、この「ちり酢」で生食するものに河豚（ふぐ）がある。この生河豚の薄造りは関東では「河豚刺し」、関西では「テッさ」と呼ばれている。関東の「河豚なべ」という言葉に対して、関西で「テッちり」としているのは、この「ちり酢」で食べるからに他ならない。

魚本来の旨味を、爽やかな歯触りと香りで食べさせてくれる。それが「ちり酢」なのである。

材料
タイ
タイ皮
大葉
ポン酢
もみじおろし
洗いねぎ

作り方
一、タイを三枚におろして皮を引き、薄造りにする。
二、タイ皮は湯引きし、細切りする。
三、皿に放射状に重ねて並べ、中央に大葉を敷き、ポン酢を入れた器をのせる。
四、タイ皮、もみじおろし、洗いねぎを添える。

烏賊（いか）さし

江戸時代、大阪観光で是非とも食べたい名物料理に「真魚鰹（まながつお）の味噌漬け」と「烏賊刺し」があった。烏賊は全国各地で獲れ、各々お国自慢ともなっているようだが、大阪で名物の烏賊といえば、スミイカつまりハリイカのことを指す。

秋頃から獲れだし、春の産卵前頃まで比較的長期に味わうことができる海の幸であったことも名物たりえた理由であろう。

特に江戸からの客に喜ばれたというこの烏賊刺し。今でこそ烏賊の刺身などは何処（どこ）でも食することができるが、烏賊を刺身にして一品料理として料理屋で供したのがおそらくは大阪が最初ではなかろうか。

また大阪の烏賊刺しには、庖丁さばきに加えて、烏賊を旨く食べさせる技もあった。烏賊は締めたものをすぐに食してもさほど美味なものではない。適度な食感を残しながらも、ハリイカ独特な甘みを最大限に引き出す。そこには和紙と塩を使って余分な水気を抜くなどの技が大阪に発達していたことも関係していたといえよう。

料理／旬鮮和楽　さな井　長内敬之

材料
ハリイカ（スミイカ）
にんじん
大根
大葉
わさび
花穂じそ

作り方
一、イカの薄皮をむき、サク取りする。
二、食べやすいように包丁目を入れ、細造りにする。
三、にんじんを桂剥きして斜めせん切りにし、冷水に落として巻きつけ、撚りにんじんを作る。
四、器に氷を入れ、大根のけん、大葉、イカの細造りを盛り、わさびを添える。
五、撚りにんじんと花穂じそを飾る。

鱧ちり

料理／千里山　料亭　柏屋　長本輝彦

天保6（1835）年に出版された平亭銀鶏の『街能噂』に大阪の鱧のことが次のように記されている。現代語訳にしてみると、「此魚（鱧）は大阪ではとても珍重されている。吸物または焼き物などに用いられる。また大阪には鱧の骨切りというよい料理法も昔から伝えられている。江戸では蒲鉾の材料には鮫などが使われるが、大阪では蒲鉾にもこの鱧が用いられている」

鱧ちりという料理法は、骨切りした鱧の皮目に火が通る程度に湯入れし、身肉はその余熱でちりちりと縮ませる。鱧の旨味を逃がさずに、ちりにするのである。これを大阪では酢味噌などで食す。

同様に骨切りした鱧を食べるにも、京都では梅肉などでサラッと食すようだ。おそらくは京都の暑さなども関係しているのだろう。

同じ鱧料理でも、時期や食べ方などに少なからず違いが見られるところが面白いが、現代では大阪でも梅肉で供されることが多い。

材料
ハモ
わさび
花穂じそ
莫大海
梅肉醤油

作り方
一、ハモを骨切りし、ひと口大に切る。
二、網に並べ、熱湯を皮目からあて、皮目に火が通ったら全体を湯にくぐらせて氷水に落とし、水気を切る。
三、器に盛り、わさび、花穂じそ、莫大海を添える。梅肉醤油を別皿で添える。

鯖生鮓（さばきずし）

この料理名はすでに全国区になってしまっている。京都などでは「締め鯖」と呼ばれているが、これは若狭から塩で締められた鯖が、「鯖街道（さばかいどう）」を通じて京都へ持ちこまれていたことが背景にある。

一方、大阪では塩で締められた鯖ではなく、活魚としての鯖が入手できたことから、これを先に塩をあてておき水と酢で締めた。故に生鮓なのである。生鮓という言い方は、どちらかといえば大阪の庶民的な呼び方でもあったようだ。

大阪の家庭ではこうした活けの鯖を水と酢で締めていたが、料理屋では客の好みにより少し砂糖を効かせて甘酢で締めたり、その後でさらにこれを昆布締めにし、切り出したものを土佐酢など調味したたれで供していた。

家庭でもこの鯖生鮓は無駄のない料理法で、生鮓を作った後に残った漬け酢で寿司飯を合わせて作ると旨い寿司が楽しめたようだ。なんとも大阪的な始末の心に通じる料理でもあるといえよう。

料理／割烹　味菜　坂本晋

材料
サバ
合わせ酢
きゅうり
茗荷
芽ねぎ
土佐酢
おろし生姜

作り方
一、サバを三枚におろし、腹骨をすき取り、小骨を抜く。強塩をあてて5〜6時間おいて水洗いし、一晩おく。
二、酢と真昆布だしを同割りにした合わせ酢に1時間漬け込む。皮目に鹿の子に包丁を入れる。
三、器に酢漬けのサバ、きゅうり、茗荷、芽ねぎを盛り、土佐酢（酢にだし、薄口醤油、みりんを合わせたもの）を加え、おろし生姜を添える。

餅鯨白味噌汁（もちくじらしろみそしる）

大阪では過去に多くの鯨の骨が発見されている。また記録には大阪湾で北極鯨が発見された例などもある。大阪の鯨食の歴史はずいぶんと古く、縄文時代にまで遡る（さかのぼる）といわれている。

それだけに大阪ほどに鯨を余す部位なく使い切る食文化を持ったところもそうはないといえよう。ちなみに同じ関西だが、京都では少なくとも庶民間で鯨食が盛んであったとはいえない。

鯨肉は古くから和歌山など各地から塩鯨にして靫（うつぼ）海産物市場へと運ばれ取り扱われてきた。明治中期には捕鯨会社も続出し、専門取扱業者が増えた。

鯨肉は大きく、赤肉、白皮、畝（うね）、尾羽に分けられる。肉の赤身はもちろん、頭部の軟骨は「蕪骨（かぶらぼね）」として酢物に、皮も皮下脂肪を乾燥させたり塩漬けにしたりして煮物などに活用する。

「餅鯨」というのは頬皮の塩ゆでのこと。他の皮下脂肪に比べてもちもちしていることからこの名がついたとされる。適度な脂分とほど良い食感は白味噌との相性がよく、味噌汁の具材として重宝されてきた。特にささがき牛蒡（ごぼう）との取り合わせは絶妙である。

料理／割烹 さか本　坂本 靖彦

材料
餅くじら
白味噌
米ぬか
ごぼう
軸三つ葉

作り方
一、節昆布だしに白味噌を溶き、1時間ほど炊いて味噌の臭みを取る。
二、餅くじらは皮を取り除き、米ぬかを入れた湯で柔らかくなるまで3時間程度ゆでて雑味を取る。
三、ぬかの香りを取るため、湯さらしし、おか上げして切り分ける。
四、ささがきにしたごぼうと餅鯨を味噌汁に入れ、さっと温める。
五、器に盛りつけ、軸三つ葉を飾る。

船場汁(せんばじる)

おそらくは春〜初夏にかけての鯖を塩で保存したものが使われたのであろう。秋頃に取り出し、大根が出回る時期に合わせて汁物にする。鯖に残った塩味が程よい味加減となって大根と調和する。もちろん鯖は上身の部分などは使わず、粗(あら)を活用するのである。いわゆる大阪流始末の料理である。

よく似た料理に潮汁(うしおじる)というものがある。こちらは料理屋料理で主に鯛を使うが、鱸(すずき)や鱧(はも)といった淡泊な白身魚なども使われてきたようだ。塩した身や骨を湯がいた後、ざっと洗ったものを器に盛り、昆布だし・酒・塩であっさり仕上げた汁をはる。木の芽やゆず皮といった吸い口が用いられる。

最近では船場汁といいながらも上身や酒なども用いられるが、船場の精神を考えるなら、それは船場汁とは呼べないのかもしれない。

料理／割烹　味菜　坂本晋

材料
サバ
大根
にんじん
青ねぎ

作り方
一、サバの中骨などのアラと身に塩をふり、熱湯をかけて霜降りする。
二、大根とにんじんをせん切りし、青ねぎは斜め切りする。
三、節昆布だしにサバのアラと野菜を加えて煮出し、煮汁をたっぷり作る。
四、煮汁と野菜を器に盛り、サバの身をのせる。

鯛の潮汁（うしおじる）

潮汁とはごく簡単にいえば、魚介を塩と酒で仕立てた吸物。船場汁（せんばじる）と似たところもあるが、こちらの主役は鯖ではなく鯛。大阪好みの鯛の潮汁の真骨頂は何より淡味にあるといってよいだろう。

それだけに最も好まれたのが鯛の目玉の部分を使った潮汁であった。酒と塩というシンプルな仕立てだからこそ、鯛の唇や目玉が持つ繊細で淡い旨味を汁と一緒に堪能することができるわけである。

潮汁では鯛の下処理として、塩した身や骨を一度霜ふりし洗ってから用いる。もちろん味が抜けるほどには洗わないが、魚の吸物では「汁が濁る」ことを極度に嫌った料理屋仕事が背景にある。

また、潮汁とよく似た料理に定家煮（ていかに）という料理がある。こちらは煮物料理だが、同じく塩と酒で味つけしたもので潮煮（うしおに）とも呼ばれている。使われる魚も潮汁と同じく鯛などの白身の淡泊な魚が多い。この定家煮もまた、鯛を好む大阪で愛されてきた料理のひとつといえよう。

料理／浪速割烹　㐂川　上野修

材料
タイ頭、中骨
真昆布
うど
木の芽

作り方
一、タイの頭は半分に割り、目の周り、唇、カマに切り分けて、中骨と共に強めの塩をあてて5～6時間後にざっと洗って霜降りする。
二、水、真昆布、酒と一緒に頭と中骨を煮る。沸かさないように注意し、アクを取り除きながら火を通し、タイの塩がダシに味をつけるのを待つ。
三、頭とだしを器に入れ、水にさらしたうどの短冊、木の芽を添える。

土瓶蒸し

『大阪ことば事典』を編纂した牧村史陽氏に習うと、少なくとも大阪では「どびん」ではなく「どびん」と発音しなくてはならない。名称はともかくこれは松茸料理のひとつであることに間違いはない。

秋の行楽シーズンに、山遊びのさいに持参した土（茶）瓶を使い、採ったばかりの松茸や、地の鶏なども入れて即興に楽しんだことから生まれたのだろう。またそうした気分を料理屋で味わうということから、鱧などの魚介も合わせた現在の土瓶蒸しができあがったとも考えられる。

よく似た料理に徳利飯というものもある。これも松茸料理で、松茸狩りに持参した徳利に洗った米と水を入れ、酒の残りと醤油で加減し、裂いた松茸を入れて徳利の口をふさぐ。これを焚き火にかけて飯を炊くのである。炊きあがった徳利は打ち割って食べた、というのだから何ともダイナミックなことを当時はしていたものだと驚かされる。

料理／旬鮮和楽　さな井　長内　敬之

材料
ハモ
エビ
松茸
三つ葉
すだち

作り方
一、ハモを骨切りし、切り身にする。エビは胴の殻と背わたを取り、霜降りする。松茸は下処理して2〜3等分する。
二、昆布、かつお節、マグロ節で取っただしに、薄口醤油、塩を入れて味を調える。
三、土瓶にハモ、エビ、松茸を入れ、だしを注ぎ、蒸し器で温める。
四、三つ葉をのせ、すだちを添える。

天王寺干蕪汁

天王寺蕪は日本最古の和種の蕪といわれている。大阪の伝統野菜のひとつでもある。この蕪は四天王寺の僧坊食として寺外で栽培されることはなかったが、大坂夏の陣の戦火から寺の種倉を周辺農民が護ったことを機に栽培が許されるようになった。

その後、全国に名を馳せる名物蕪となり、種は信州の野沢村にも渡り、その種から現在の野沢菜が選抜されたことは同温泉村の健命寺に建立された碑に記されている。

天王寺蕪は漬物として人気があったが、干し蕪としても売られていた。『東海道中膝栗毛』の中にも天王寺干蕪の身体を温める優れた効能がうたわれている。

干蕪汁とは、この干し蕪の戻し汁で味噌汁を作り、戻した蕪を割って具としている。天王寺村史などには、この干蕪汁と麦飯を節分頃に食べ、風邪などの予防とする民間療法のようなものがあったことが記されている。

料理／旬鮮和楽　さな井　長内 敬之

材料
天王寺かぶら

作り方
一、かぶらを半分に切り、ネットに入れて一晩干し、水分を飛ばす。
二、干したかぶらを焦げないように注意し、20分ほど焼く。
三、節昆布だしに塩と薄口醤油を加えて味を調える。
四、生のかぶらを皮をむいてすりおろし、だしに加え、本葛粉で軽くとろみをつける。
五、器に注ぎ、干しかぶらを盛る。

豆腐田楽三種

竹田出雲が書いた『男作五雁金』に「声もさえたる塩梅よし、豆腐の焼きたて餅田楽、茶碗一杯六文売り、下戸も上戸も取り外さぬ、肩に枴の荷い売り」という浄瑠璃の一節がある。

豆腐に味噌をつけて焼いたものが田楽豆腐で、江戸時代から大阪庶民の食べものであったことが分かる。

今ではこの田楽豆腐も料理屋料理となって、一本串で刺したシンプルな味噌田楽であったものが、二本串で手元に節をつけ、散り松葉のようにしたものを末広に開いて横刺ししている。味噌も赤・白・木ノ芽味噌と三色の取り合わせになっていることが多いようだ。

ちなみに大阪では「高津の湯豆腐　生國魂田楽」が有名であった。

この料理は江戸時代に刊行された豆腐の料理本『豆腐百珍』の中にも紹介されている。製法を見ると現代の湯豆腐とは違って、湯にした豆腐に熱い葛餡をかけ、芥子が天盛りされているので、甘口の餡であったと思われる。

料理／千里山　料亭　柏屋　長本　輝彦

材料
木綿豆腐
赤玉味噌
白玉味噌
ふきのとう味噌
けしの実
木の芽

作り方

一、八丁味噌、卵黄、煮切り酒、煮切りみりん、砂糖を合わせて火にかけ、練り上げて赤玉味噌を作る。白玉味噌は、味噌を白味噌に替えて作る。

二、ふきのとうを素揚げして冷水に取り、絞って細かく包丁で叩く。白玉味噌を合わせてふきのとう味噌を作る。

三、木綿豆腐をさらしで包んで重石をし、水切りする。

四、切り分けて田楽串を刺し、両面を焼く。

五、各色の味噌を塗り、表面に焼き色をつける。

六、赤玉味噌にはけしの実、白玉味噌には木の芽をあしらい、器に盛りつける。

伊佐木魚でん

魚でんとは魚類に味噌をつけて焼いた、いわば魚田楽。田楽焼きの起こりについては大阪の住吉大社の御田植神事における田楽法師の一本鷺（高）足の型に由来するとも、大阪四天王寺の楽人が饗宴において豆腐に木の芽味噌をつけ焼いたもてなしに感激し、伝えた秘伝の笛が伝楽と名づけられたともいわれている。いずれにしても串に刺した田楽は、江戸では「煮込みおでん」となり、大阪では「味噌おでん」として定着した。

大阪の「味噌おでん」は、おやつのように町中を売り歩いていたようで、串に刺した具を温めた湯に浸けておき、客が求める具に、その都度薄めに溶いた白味噌を掛けて供していた。こうしたいわゆる味噌おでんは、法善寺界隈の正弁丹吾亭などの店で大阪名物として人気があった。

現在のおでんは、江戸に広まった煮込みおでんで、特に関東大震災以降は、関西でもこうした炊き込み風のおでんが人気となっていった。それゆえに、それまでの味噌おでんと区別するため、大阪では関東炊きとも呼ばれるようになった。

関東関西とも同じ煮込みとはなったが、関西風にこだわった店は薄口醤油を使い、だしには鰹ではなく昆布を使ったことから、こうしたおでんをして「関西炊き」と呼ぶ人もあったようである。

料理／北新地 弧柳　松尾 慎太郎

材料
イサキ
田楽味噌
白田楽味噌
けしの実
黒ごま
れんこん（甘酢漬）

作り方
一、イサキを三枚におろし、薄く塩をふる。
二、両づま折りにして串を打ち、炭火で焼く。
三、赤味噌、卵黄、酒、みりん、砂糖を練り合わせて田楽味噌を作る。赤味噌を白味噌にかえ、同様に白田楽味噌を作る。
四、イサキに2種の田楽味噌を塗り、赤にはけしの実、白には黒ごまをふる。
五、皿に盛り合わせ、甘酢漬のれんこんを添える。
（酢漬けれんこんは、れんこんを輪切りして、酢を入れた湯でゆがき、酢、水、砂糖、塩、輪切りした鷹の爪を混ぜ合わせた甘酢に1日漬け込んで作る）

真魚鰹味噌漬け

「西海に鮭なく、東海に真魚鰹なし」との諺にもあるごとく、真魚鰹は関西の魚として知られている。鮭が産卵のために遡上する川は利根川までで、真魚鰹は東海に姿を見せることはないという。

この魚を大阪では白味噌漬けにして賞味してきたのである。三枚におろせば分かるが、骨は他の魚に比べ柔らかいのが特徴。身は少しパサッとしているが、こうした身肉を頃合いに引き締めてくれ、持ち味を引き出してくれるのが白味噌の効果でもあろう。これをいわゆる「どぶ漬け」にするが、晒しなどで包んで漬けることで、味噌を落とす手間もはぶけ、味も後の始末もよくなる。夏は三日、冬は四日で漬かるが、漬けすぎると風味が損なわれるので注意が必要である。

味噌漬には成魚となった秋冬に獲れる真魚鰹が使われるが、夏に獲れる小さな真魚鰹も、揚げ物やバター焼などの一品として使えば美味なものである。

料理／旬鮮和楽　さな井　長内　敬之

材料
マナガツオ
白あら味噌

作り方
一、あら味噌に酒とみりんを加えてのばし、味噌床を作る。
二、マナガツオの切り身をガーゼに挟み、二晩漬ける。
三、ガーゼから切り身を取り出し、金串を打って、きれいに焼く。

鱸(すずき)塩焼き

料理／浪速割烹 㐂川 上野 修

鱸は夏季には河川へ遡(さかのぼ)り、秋には海に帰る習性がある。大阪湾に注ぐ淀川の汽水域では、夏季にこうした鱸がよく獲れる。その鱸を各家庭では夏祭のご馳走のひとつとして塩焼きにして楽しんだ。

鱸はちり鍋や酒蒸しなど様々に賞味される魚であるが、中でも塩焼きは昔から「淡中に滋味あり」とされるほどに美味であった。醤油ではなく蓼酢(たです)で食することで、滋味が引き立つのが鱸の塩焼きの特徴ともいえよう。

ちなみに鱸は江戸時代の代表的な料理書として知られる『料理物語』の中でも次のように取り上げられている。

「鱸の汁は、昆布出汁にて清汁よし、海髪(おごのり)も入れ、白子入れてよし、薄味噌にて仕立て候也(そうろうなり)」。

材料

スズキ

たで酢

はじかみ生姜

作り方

一、スズキを三枚におろし、上身とカマつきの身に塩をふり、炭火で香ばしく焼く。

二、生酢にすだち汁、薄口醤油、みりん、裏漉したたで葉を混ぜ合わせ、たで酢を作る。

三、皿にスズキの塩焼きを盛りつけ、はじかみ生姜を添え、たで葉を飾る。たで酢を添える。

焼き松茸

料理／北新地 弧柳　松尾 慎太郎

松茸の命が香りにあることはもちろん、真味は山中にあって採りたてのものを松葉で焼くところにある。

大阪では能勢地方が松茸の名所であり、船場の商人達は接待のひとつとして実際に山に出かけ、松茸と共に河内のかしわ（鶏）などを焼いて秋の風情を楽しんだ。こうした雰囲気を料理屋でも演出するように考えられたのが「焼き松茸」である。

客前にカンテキ（七輪）を出し、松葉で焼く。町にいながら野遊びを愉しめるという趣向。素材そのものを味わうため、昔は「ころ松」という傘が未だ開かない、いわば蕾（つぼみ）の松茸が珍重された。

ちなみに松茸では、「湯松」「茶松」といった遊びも行われた。これは蓋をした器に湯や煎茶を塩で加減し松茸を入れ、その香りを味わうというもの。京都などでも行われていたが、香りだけで産地を言いあてるという繊細なる食を好んだ客が当時は多かったのだろう。

材料
松茸
椎茸
鶏肉
塩
すだち

作り方
一、松茸は軸まで十字に切り込みを入れ、椎茸は傘と軸に分ける。
二、鶏肉はひと口大に切って串を打つ。
三、それぞれを炭火で素焼きする。
四、塩とすだちを添えて供する。

海老の鬼殻焼き

鬼殻焼きとは、海老の皮をむかないで背割りにしてつけ焼きにしたものを指す。山椒醤油で焼くか、みりん醤油で焼いたものに粉山椒を効かせた味が好まれたようだ。

おそらくは伊勢海老で行われたものであったろうが、大阪でよく獲れる足赤海老などでこれを行うので、町の料理屋でも気軽に食べることができる海老料理として人気があった。「住吉駕籠」と題する上方落語が残されているが、その中では持ち帰りの折り詰めの中にこの名前を見つけることができる。おそらくは足赤海老を使った鬼殻焼きであったのではなかろうか。

海老の鬼殻焼きは、料理としては非常にシンプルで原始的なものだが、味は最も旨いとされている。また皮の焼ける香ばしい匂いがご馳走ともなっている。

大阪では足赤海老の他にも、少し小さめの白洲海老が獲れる。この海老だと焼けた皮も食することができるので、より大阪的な海老の鬼殻焼きといえよう。

料理／日本料理　喜一　北野博一

材料
アシアカエビ
魚だれ
木の芽

作り方
一、アシアカエビを殻つきのまま背開きし、串を打って炭火でじっくり素焼きする。
二、酒、みりん、濃口醤油で作った魚だれを塗り、途中で3〜4回魚だれをつけながら、さらに香ばしく焼く。
三、串をはずして器に盛り、刻んだ木の芽を散らす。

鯛の山椒焼き

料理／浪速割烹　㐂川　上野　修

この料理の正式名称は、「鯛の頭（かしら）の山椒焼き」。現代でこそまったく人気がなく値もあまりつかない鯛の頭だが、昔は価値が認められていたためにそこそこ高価であった。それだけに大阪では鯛の頭料理は人気で、料亭の中には名物料理としたところも少なくなかった。

料亭「つるや」の名物料理の中にもこの山椒焼きがあったことが知られている。酒、濃口醤油、たまり醤油、みりん、そして砂糖などで濃厚なだしというかたれを作り、これに浸けおいたものに木の芽を加えながら、つけ焼きにするのである。さらに仕上げには、濃厚なたれをさらに煮詰めたものを塗り、最後に粉山椒や叩き木の芽をふりかける。いわば季節感のある春の料理。しかも焼くことによって焦げ目ができた香ばしさと共に、山椒の香りも同時に楽しめるという、あらゆる意味で非常に合理的に考えられた大阪料理だといえよう。

材料
タイ頭
魚だれ
木の芽
生姜（甘酢漬）

作り方
一、酒、みりんを煮切り、砂糖、濃口醤油、たまり醤油を加えて魚だれを作る。
二、タイの頭を縦半分に割って炭火で素焼きする。
三、魚だれを塗りながらさらに香ばしく焼く。
四、皿にのせ、たたき木の芽を全体に散らし、木の芽形にした甘酢漬の生姜を添える。

鯛のあら炊き

実利の町、大阪。見た目の美しさも大事ではあるが、何より「旨い」という実が優先される。鯛のあら炊き、というのはまさにそんな大阪的な料理のひとつ。

鯛は大阪人の大好物、全てを食べ尽くせるがゆえに経済的な魚であるが、中でも本当に旨い部分は、鯛の頭であり骨の部分、いわゆる粗（あら）。この粗を炊き込んだのがこの料理。

ここで炊き込むと表現をしたのは、元来この料理は、砂糖やみりん、そして濃口醤油だけでなくたまり醤油も使い、ほとんど汁がなくなるまで炊かれる。これを大阪弁でいうなら「コッテリ（濃厚）」していなくてはならないのである。さすがに現代では、そのようなあら炊きは見かけることが少なく、あっさりと炊き汁も飲めるほどに上品なものになっている料理屋もある。

ちなみに鯛のあら炊きに、たまり醤油を最初に使ったのが大阪天満の「相生楼（あいおいろう）」であったとか。そうなると、このコッテリ料理の人気は料亭から広まったともいえよう。

料理／浪速割烹 㐂川 上野 修

材料
タイ頭
ごぼう
魚だれ
針生姜
木の芽

作り方
一、タイの頭を縦半分に割って霜降りする。
二、タイの頭を細切りしたごぼうと一緒に、酒、みりん、砂糖、濃口醤油、たまり醤油で作った魚だれで照りが出るまで炊く。
三、器に盛りつけ、針生姜と木の芽を添える。

鰊昆布巻

鰊が「鰊粕」として北海道から大阪へ大量に入るようになったのは江戸時代後期。大阪湾で獲れなくなった鰯に代わって、鰊は菜種や綿花の肥料として利用されてきた。

乾燥鰊として知られる身欠き鰊が関東よりも近畿で多く食材として親しまれてきたのも、こうしたことと関係があると思われる。よく乾燥した身欠き鰊は、米のとぎ汁などに浸けておくことで2～3日で柔らかく戻すことができる。

しかし料理の時短化が進む現代では手間のかかる食材とされ、最近は柔らかい部分を残したソフト鰊（半乾）が多く販売されている。

鰊昆布巻きは、この身欠き鰊を昆布で巻き込んだもの。巻いた後は干瓢などで締めくくり、かぶるくらいの水を加えて落とし蓋をして、じっくりと煮込んでいく。そのさいに大豆か番茶を加えることで骨まで柔らかくなったところで、酒、みりん、砂糖、醤油で煮含めていくわけである。

料理／千里山　料亭　柏屋　長本輝彦

材料

身欠きニシン

真昆布

かんぴょう

針生姜

作り方

一、身欠きニシンをたっぷりの米の研ぎ汁に浸け、毎日とぎ汁を替えながら4日ほどかけて完全に戻す。

二、腹骨をそぎ取り、残った骨を骨抜きで抜く。霜降りし、冷水に取って鱗などを掃除する。

三、煮立てた番茶で、弱火で30分ゆで、臭みと脂を取り除き、棒状に切る。

四、真昆布を水で戻し、ニシンと同じ幅に切る。戻し汁は取っておく。

五、かんぴょうを塩もみし、さっとゆでる。

六、ニシンを芯にして真昆布を巻き、かんぴょうで結ぶ。

七、薄板を敷いた鍋に並べ、真昆布だしと酒を加え、紙蓋をして中火にかける。

八、沸騰したら黄ざらめ糖、みりんを加えて火を弱め、煮汁が半量になるまで煮る。

九、濃口醤油を加えて10分程度煮たら火を止め、一晩おいて味を含ませる。

十、ひたひた程度に水を足して中火にし、沸騰したら弱火にして、煮汁を全体にかけながら煮詰める。火を止めてそのままさまし、味を含ませる。

十一、器に盛り、針生姜をのせる。

合鴨ロース蒸し煮

大阪と合（間）鴨との関係は古く、平安時代から飼育されてきたとも、また秀吉が合鴨飼育を奨励したともいわれている。またこうした家禽肉を食することは仁徳天皇が始めたとされる鷹狩りにも遡ることができよう。

大阪では合鴨料理の発達もいち早いものがあったようで、狩り場焼き（鍬焼き）なるものも流行したようである。これは今でいうところのアウトドア料理。鴨や雉などの狩り場で食べるように、鉄板状のものに乗せて焼きながら食す、いわゆる即席風料理ともいえる。

合鴨ロースとは、抱き身（胸肉）の料理。この料理法では、皮の方に針を刺して焼き目をつけて、これを吊すことで皮の穴から養殖の合鴨独特な余分な脂を抜くわけである。これをじっくりと煮込んだ後で切り出したものを煮込ロースとも呼んだ。大正頃までは大阪の夏祭りのご馳走のひとつであった。

料理／浪速割烹 㐂川 上野 修

材料
合鴨ロース肉
サラダ菜
エシャレット
もろみ味噌

作り方
一、合鴨肉は皮に針打ちする。
二、フライパンで皮面をきつね色に焦がし、串に刺して吊るし、油抜きする。
三、節昆布だし、薄口醤油、みりんで合鴨肉を中心がロゼ色になるように炊き、濃口醤油、たまり醤油、ケチャップで味を調え、吉野葛でとろみをつける。
四、そぎ切りし、サラダ菜を敷いた皿に並べ、エシャレット、もろみ味噌を添える。

赤舌鮃（あかしたびらめ）煮凝り（にこごり）

大阪湾に多く獲れるアカシタはシタビラメの仲間で、別名「イヌノシタ」とも呼ばれている。ゼラチン質を多量に含むことから、煮魚にして煮汁と共に冷却することで凝結させるのが煮凝りである。

大阪のアカシタは身が柔らかで、しかも肉厚なものが多いことから、様々な調理法で親しまれている。小骨が多いのが難点かもしれないが、取り合わせを考えることで料理屋でも充分に使える食材だといえよう。

アカシタは秋冬が旬で、大型のものは地元の浜でも高価で取り引きされている。

また、このアカシタの幼魚である小さな鰈（かれい）も多く網にかかる。これを地元の各家庭ではカラカラになるまで風干しする。その風景は江戸時代から見られたようで特に「岡田浦の干し鰈」は泉州の名物にもなっていた。

料理／日本料理翠　大屋友和

材料

アカシタビラメ
針生姜
絹さや
木の芽

作り方

一、アカシタビラメを三枚におろして皮を引く。
二、針生姜を芯にし、身を鳴門状に巻きつけ、たこ糸で縛る。
三、頭と中骨は霜降りにする。
四、水、酒、昆布、薄口醤油、みりんで、頭、骨、身を一緒に炊く。
五、火が通ったら火を止めてそのままさまし、頭と骨を取り除く。
六、深い器に液体ごと流し、冷やし固める。
七、絹さやはさっとゆでて、二番だし、薄口醤油、塩、みりんに浸けて味を含ませる。
八、煮こごりを四角く切り分けて、器に盛りつけ、絹さやと木の芽を添える。

具足煮（ぐそくに）

具足煮は伊勢海老料理のひとつ。あえてこれを大阪料理と見たのは、客前で料理する割烹料理として人気があったからだ。

伊勢海老を殻つきのまま頭の方を縦二つにダイナミックに割り、水や酒だけで煮て醤油等でシンプルに仕上げるところにこの料理の醍醐味がある。

大阪ではこの具足煮に白味噌を入れることも考案された。伊勢海老の頭の味噌との調和で得もいわれぬ味わいとなる。これは別名「味噌具足」とも名づけられることもあった。伊勢海老を前に、客の注文に応じて素早くこれを調理する。割烹ということなら烹である煮方の仕事であったともいえよう。

後に具足煮という名は伊勢海老だけでなく車海老や蟹でも使われるようになったが、やはりこの料理は伊勢海老をさばく庖丁技と、それを調理する煮方、大阪を発祥とする割烹仕事の料理として位置づけたいものである。

料理／千里山　料亭　柏屋　長本輝彦

材料
イセエビ
木の芽
うど

作り方
一、イセエビの触角を落とし、胴と頭に切り分ける。それぞれ縦半分に切り、砂袋と背わたを取り、水で洗ってあくを取る。うどは皮をむいて酢水でゆがき、切り分ける。
二、鍋で酒を煮切り、真昆布だし、みりん、砂糖、薄口醤油を加えてひと煮立ちさせ、イセエビの頭を入れて2～3分煮る。
三、色が変わったら胴とうどを加え、煮汁をまわしかけるように鍋をゆすりながら3分ほど煮る。
四、つゆ生姜を加えて火を止める。
五、殻から身をはずし、ひと口大に切って殻に戻す。
六、器に盛り、煮汁をかけうどを添える。木の芽をのせる。

赤鱏(あかえい)すっぽん煮

すっぽん煮は、赤鱏などコラーゲンを多く含む魚料理。こうした魚を骨つきのままに、ささがき牛蒡(ごぼう)などと共に酒、みりん、醤油や砂糖などで煮つけるのである。その味わいがすっぽんに優るとも劣らぬところから、すっぽん煮の名がついたとの説がある。

赤鱏という魚は大阪湾でよく獲れたことから、かつては大阪で親しまれた秋冬の家庭の味覚であった。料理屋で扱われることはあまりなかったようだが、活魚としてならヒレと胴との部位などは刺身で使えるし、ヒレそのものを湯引きにするなど、使いようによっては一級の魚が持っていない魅力を持ち合わせている魚でもある。

最近では、家庭でもお料理屋でもほとんど利用されることがなくなってしまったが、切り身なら味噌汁にも使え、料理店でも使い尽くせる魚として今一度評価すべき大阪食材といえよう。

料理／和洋遊膳 中村　中村 正明

材料
アカエイ
丁字麩
芽ねぎ

作り方
一、エイは尻尾を切り落とす。塩をふり、たわしで表面をこすってぬめりと汚れを取り除き、霜降りする。
二、胴をぶつ切りし、同割の水と酒に生姜の皮を少量入れて火にかけ、アクを取りながら柔らかくなるまで煮る。
三、火が入ったところで濃口醤油、砂糖を加えて軽く煮込み、みりんを加えて味を含ませる。
四、水で戻した丁字麩を加え、つゆ生姜を加えて味を調える。
五、器に盛りつけ、芽ねぎを盛る。

鯉濃汁煮（こいこくに）

長谷川貞信が描いた『浪花自慢名物尽し』の中に「淀鯉（よどごい）」がある。大阪淀川の鯉は古くから全国に名を馳せていたようで、室町時代の武将であった細川勝元は淀鯉を特に好んだとされている。

曰く「他国の鯉は造り（身にし）て酒に浸す時、その汁は濁れり、淀鯉は然（濁（にご））らず、これ名物のしるしなり」との言を残している。

そんな鯉の旬はあえていえば冬だが、夏にも洗いで賞味され、特に一年を通じて好まれてきた料理が鯉濃汁煮である。

鯉は白味噌との相性がよいことからこの料理が誕生したものと考えられるが、洗いや鱠（なます）料理にも味噌がよく調和する。鯉の頭は落とし、ほかは丸のまま筒切りにして、味噌を濃い目に仕立てた中に入れ、とにかく気長に煮込んでいく。長く煮るほどに美味となる。この料理はコクショウとも呼ばれている。

コクショウとは濃い醤（ひしお）と書き、醤が味噌（古名）であることを考えれば、この料理法の原型はかなり昔からあったのだろう。

料理／割烹 味菜 坂本晋

材料
コイ
赤味噌
白味噌
ごぼう
白ねぎ

作り方
一、コイは苦玉だけ取り除き、内臓とうろこをつけたままぶつ切りにする。
二、切り身をひとつずつガーゼで包み、鍋に入れて水から炊く。
三、骨とうろこも食べられるよう、柔らかくなるまで丸一日炊く。
四、柔らかくなったらガーゼをはずし、赤味噌、白味噌、酒を加え、ささがきにしたごぼうを入れて煮る。
五、器に盛り、針ねぎを天盛りする。

徳利蒸し（とっくりむし）

徳利蒸しは、瓢箪（ひょうたん）の形をした三段の器（瓢箪徳利）を使った、いわば「ちり蒸し料理」。ちりなので今でいうポン酢で食する。江戸時代には、四季の行楽に酒を入れた瓢箪を携帯した。また瓢箪に入れることで美味になるともされた。

大阪では特にこの瓢箪にこだわりが見られる。その理由は、豊臣秀吉が戦陣のさいに用いた馬標（うまじるし）が千成瓢箪（せんなりひょうたん）であり、大阪の象徴でもあるからだろう。現在も大阪府の府章として図形化されている。

さて、三段もあるこの器だが、主役は最下段。真昆布を敷き、白甘鯛やカワハギやコチといった白身魚に加え、茸などと共に吸地（すいじ）程度に加減しただしを張って蒸すのである。料理屋では秋から冬にかけての季節感を演出できる一品。

ちなみに中段には薬味が、最上段にはポン酢が組み配されているのが一般的なようである。

料理／和洋遊膳 中村　中村 正明

材料

カワハギ　真昆布
椎茸　洗いねぎ
絹ごし豆腐　生姜おろし
くず切り　ポン酢
菊菜

作り方

一、カワハギの皮をはずし、肝を取る。
二、身をぶつ切りして塩をふり、1時間締めてから霜降りする。肝は軽くゆでる。
三、徳利の下段に真昆布を敷き詰め、カワハギとぶつ切りした椎茸をのせ、酒をふって蒸す。
四、火が通る少し前に絹ごし豆腐を加える。
五、くず切り、菊菜を盛りつけ、熱々の吸いだし（節昆布だし、薄口醤油、塩で吸い物程度に味つけしたもの）をかけると急速に蒸し上がる。
六、徳利の中段に薬味（洗いねぎ、生姜おろし）、上段にポン酢を入れて供する。

目板鰈（めいたがれい）煮おろし

この料理もまた大阪割烹店を発祥とする一品であり、料理屋から家庭へと浸透した料理でもある。

煮おろしは、「おろし煮」とも呼ばれるもので、天麩羅の露（つゆ）は一般的に濃口醤油が使われるが、ここでは薄口（うすくち）醤油を用いる。唐揚げにした目板鰈をそのまま食べる旨さに加え、さらにだしと大根おろしで煮ることで天麩羅（てんぷら）風にも楽しめて、最後に酸橘（すだち）をしぼり入れることで、また違った味わいにもなる。

この料理がよく考えられている点は、味の部分だけではない。唐揚げにしたものは時間と共に酸化が進んでしまう。しかしこうした煮おろしにしておくことで不要な油分を落とし、酸化を遅らせることができるわけである。さらに大根おろしを使うことによってジアスターゼ効果が発揮され、しつこそうな油料理だけれども、意外とさっぱりと食べられる。こうしたところも家庭料理として定着できた理由のひとつかもしれない。

料理／西心斎橋 ゆうの　柚野 克幸

材料
メイタガレイ
薄力粉
天つゆ
ししとう
染めおろし
三つ葉
すだち

作り方
一、メイタガレイのひれの両側に切れ目を入れ、身の中央にも井桁(いげた)の切り込みを入れる。
二、薄力粉を両面にまぶし、白絞油で揚げる。
三、節昆布だし、薄口醤油、みりんを煮切って天つゆを作る。
四、皿にカレイをのせ、天つゆを上からたっぷりかける。
五、素揚げしたししとう、染めおろし、刻んだ三つ葉をのせる。別皿で半割にしたすだちを添える。

菱蟹甲羅揚げ

料理／日本料理　喜一　北野博一

大阪でいう菱蟹とは「ガザミ」のことで、別名は「ワタリガニ」で秋～春の味覚。泉州で行われる「だんじり祭」には欠かせない食材のひとつでもある。

祭りの関係からか秋が旬と捉えられがちだが、本当の味の旬は産卵前の雌が内子を抱える晩冬から初春頃だろう。

現在では非常に高価な蟹となっているが、それまでは大量に獲れて安価に美味しく食べることができる蟹であった。

菱蟹の食べ方は様々あるが、泉州地域では主に酒と醤油の地で炊いたものを割りながらミソや身肉を豪快に食べる。

「菱蟹甲羅揚げ」は、大阪老舗割烹「八三郎」初代が考案したものである。蟹の甲羅蒸しとよく似ていて肉を細かくむしって甲羅に詰めている。ただ大きく違うのは、戦後急速に流行していた西洋の調味料であるトマトケチャップをいち早く取り入れ、それまで誰も味わったことのない菱蟹料理とした点だろう。

客のオーダーに応えて、即座に揚げて作るこの料理は大阪料理のひとつに数えてよい一品といえよう。

材料
ヒシガニ
椎茸
百合根
三つ葉
パン粉
ソース餡

作り方
一、ヒシガニをゆでて身をほぐし、薄切りした椎茸、塩ゆでした百合根、刻んだ三つ葉を混ぜ合わせ、薄口醤油、みりんで味つける。
二、内子と味噌を残した甲羅に入れ、表面にパン粉をつける。
三、白絞油できつね色になるまで揚げる。
四、ウスターソースと節昆布だしを混ぜ合わせ、本葛粉でとろみをつけてソース餡を作る。
五、皿にのせ、ソース餡を上からたっぷりかける。

白洲海老（しらさえび）と鯊天麩羅（はぜてんぷら）

天麩羅という料理は、東西どちらが先ということはいえないだろうが、大阪に「つけ揚げ」があったことは確かである。

天明の頃なので18世紀の後半に、利介なる大阪人が江戸へと下り、上方で人気のつけ揚げを江戸で辻売りしたことが山東京山（さんとうきょうざん）が書いた『蜘蛛の糸巻』に記されている。

このつけ揚げが、いわゆる薩摩揚げであったか、現在の小麦粉を薄衣にしたものであったかは定かでない。魚介の揚物料理ということであれば、大阪好みからすれば薩摩揚げとなるが、もちろん現在の天麩羅と呼ばれるものも食べられてきた。

中でも好まれたのが比較的安価ながら滋味を持ち、頭も殻もすべてを食べ尽くせる白洲海老。淀川河口の広大な汽水域で獲れる鯊。初夏には泉州で辺りのキスなども天麩羅のタネとして人気があった。

料理／旬鮮和楽　さな井　長内　敬之

材料
シラサエビ
ハゼ
天ぷら衣

作り方
一、天ぷら粉に卵黄を加え、冷水で溶いて天ぷら衣を作る。
二、シラサエビとハゼをそれぞれ下ごしらえし、衣をつける。
三、綿実油でカリッと香ばしく揚げ、さらっとした味わいの天ぷらに仕上げ、器に盛る。

から（卯の花）まぶし

大阪の住吉大社では、毎年五月の初卯の日に卯の花神事が催される。この日は同社のいわば創立記念日のようなもので、卯の花の玉串を神にささげ、四天王寺舞楽が奉納される。卯の花とは正式名称は空木（うつぎ）であり、つまり茎の中が空（から）。こうしたことから豆腐の「おから」を関西では卯の花とも呼んだ。

この卯の花を使って和えたものが、卯の花和えであり、料理屋などでは生鮨（きずし）を卯の花で絡めたものを卯の花まぶしとした。

卯の花という言葉自体は京都的で、戦後は大阪でもよく使われだしたが、それまでは大阪は広く「からまぶし」と呼び親しんだ料理である。

大阪では、こうした「からまぶし」に青背魚が多く活用されたところも特徴のひとつであろう。家庭ならさしずめ鰯などの魚に塩をし、甘酢漬けにし、それを卯の花と合わせ漬け汁で味をつけながら煎る。これが大阪の「からまぶし」である。

料理／千里山　料亭　柏屋　長本　輝彦

材料
アジ
卯の花
浜防風
紅生姜

作り方
一、アジを三枚におろし、酢締めする。
二、浜防風はゆでて短く切り分ける。
三、卯の花を水で溶いて水嚢で漉し、さらしで水分を絞る。
四、砂糖、酢、塩で味つけ、二枚鍋で煎る。
五、アジを卯の花で和える。器に、アジ、薄切りした紅生姜、浜防風を交互に重ねて盛りつける。浜防風の葉を飾る。

若牛蒡白和え

若牛蒡は八尾葉牛蒡とも呼ばれ、大阪に春を告げる野菜のひとつである。牛蒡自体は小さなものだが、葉も茎も食することができるという、いかにも実利を尊ぶ大阪人好みの野菜だといえよう。春らしい香りも素晴らしいが、柔らかく煮た茎の旨さは絶品である。

明治の頃から頻繁に家庭で食べられていたようで、当時の大阪の人気惣菜として「若牛蒡油揚げ」などが紹介されている。これは茎と牛蒡で作る料理。葉の部分をゆでた水で茎と牛蒡をゆであげ、油を敷いた鍋で炒めながら油揚げを加えてだしや。酒、砂糖などで調味するのである。

若牛蒡白和えは、どちらかといえば料理屋料理。春の香りと共に、歯ごたえのよい茎の旨味がよくわかる料理法だといえよう。

料理／割烹 味菜 坂本 晋

材料

若ごぼう

白和え衣

作り方

一、若ごぼうの茎を短冊に切り、根はささがきにして水に浸ける。

二、鍋に油を少々入れ、水切りした茎と根を炒め、節昆布だし、みりん、薄口醤油、塩、酒を加えて炒め煮する。

三、白和え衣を作る。木綿豆腐を裏漉し、あたりごま、薄口醤油、白味噌、砂糖、塩を加えて混ぜ合わせ、ガーゼを重ねて羽二重漉しする。

四、若ごぼうと白和え衣を和え、器に盛りつける。

鰯煮鱠

料理／日本料理 喜一 北野博一

鰯ほど大阪で親しまれてきた魚はない。

大量に獲れる鰯は大阪人の腹を肥やすだけでなく、「干鰯」として野菜など換金作物のまたとない肥料ともなっていた。

大阪では夏場泉州辺りの昼網であがった鰯を鮮度の良さを売り物とし「手々かむ鰯」、つまり指に噛みつくほどに新鮮だ、というふれこみで町中を売り歩いた。こうした新鮮な鰯は、よく鰯鱠として食された。「鰯七度洗えば鯛の味」との諺どおり、充分の水洗い後に水気を取り、臭みを除けば味は鯛に劣らない。

これに塩をひとつまみ加え酢に浸ける。少し小さめの鰯なら、骨まで柔らかくなりそのまま鱠で食べることができる。

この鰯煮鱠は同様に鰯鱠から派生した料理。よく洗った鰯を水と酒と酢で炊いていく。後はごく少量の塩と淡口醤油で加減するのである。煮物料理なのだけれど鱠のような感覚で食することができる。足が早い（傷みやすい）魚だからこそ、安価な時期に大量に買って、煮鱠にしておけば長く美味しく食べることができる。

材料
イワシ
茗荷（甘酢漬）
ほうれん草（おひたし）

作り方
一、イワシの頭と内臓を取り除く。
二、鍋全体に真昆布を敷き詰め、鰯とかぶる程度の水を入れ、落とし蓋をして煮る。
三、アクを取り除き、適宜水を足しながら煮続け、途中で酒を加え、あとから酢を少しずつ加えて、骨まで柔らかくなるまで2時間ほど煮込む。
四、仕上げに薄口醤油で味を調える。
五、甘酢漬けの茗荷、ほうれん草のおひたしを添える。

鱧皮ざくざく

料理／割烹 さか本 坂本靖彦

鱧を蒲鉾にも利用する大阪。蒲鉾を製するに皮の部分は不要なことから廃棄物となる。しかしこれを廃棄しないで、みりん醤油でつけ焼きにして売ったのが鱧皮である。

家庭ではこの鱧皮を細く刻んで、毛馬きゅうりと合わせ、二杯酢もしくは三杯酢で食する。

きゅうりと鱧皮が口の中でざくざくと音をたてるところからこの名がつけられたようだ。料理屋風に桂剥きしたきゅうりで巻くなど仕立て方は様々だが、夏時期の山海の幸を無駄なく合わせたこの酢ノ物は、大阪料理の中でも傑作のひとつといっても過言ではない。

材料
ハモ皮
毛馬きゅうり
魚だれ
土佐酢
うど
はじかみ生姜

作り方
一、酒、みりんを煮切り、たまり醤油、濃口醤油、砂糖を混ぜ合わせて魚だれを作る。
二、身をはずした後のハモ皮を骨つきのまま魚だれで照り焼きにし、細かく刻む。
三、塩もみして刻んだ毛馬きゅうりとハモ皮を土佐酢（三杯酢に節だしを混ぜ合わせたもの）で和える。
四、塩水に浸けて桂剥きした毛馬きゅうりで巻く。
五、器に盛りつけ、細切りしたうど、はじかみ生姜を添える。

牡蠣土手焼き

日本における牡蠣の養殖は広島が最も古い。その広島牡蠣のいわばPRとして、大きな市場のあった大阪へ牡蠣船がやって来るようになったのは17世紀後半といわれている。

本来の牡蠣の土手焼きは、平鍋の内面に白味噌を川の堤（土手）のように塗りつけ、鍋中の味噌がないところには煮出し汁を入れ、そこへ牡蠣を入れて煮ると周囲の味噌が自然に溶け込んで頃合いの味となる。

この料理の特長は、鍋の縁の白味噌が焼けることで醸し出される風味と食欲をそそる香りにある。大阪の冬の味だが、牡蠣船内だけでなく、この料理は大阪の家庭でも広く行われるようになった料理屋の鍋料理のひとつだといえよう。

同様に牡蠣船で供されていた鍋料理に牡蠣の潮鍋もある。これは鍋に煮出し汁を入れ、酒と塩で淡味をつけ、そこに牡蠣だけでなく、焼き豆腐や三つ葉など様々な具材を少しずつ煮ながら食する。土手鍋とは違ってこちらの鍋料理はなぜかほとんど見かけることがなくなった。

料理／日本料理　喜一　北野博一

材料
米麹味噌
八丁味噌
マガキ
白ねぎ
山椒
洗いねぎ

作り方
一、米麹味噌と八丁味噌を8対2の割合で合わせ、土鍋の底と側面に分厚く塗って味噌土手を作る。
二、土鍋を火にかけて味噌土手を香ばしく焼く。
三、節昆布だし、マガキ、輪切りして香ばしく焼いた白ねぎを加え、土手味噌を煮溶かす。
四、山椒を全体にふり、洗いねぎをちらす。

合鴨鍋

合鴨ロースという料理が大阪の夏のご馳走だとすれば、冬の合鴨料理の代表格は合鴨鍋になるだろう。合鴨の骨からだしをとり、昆布と鰹のだしでこれを割った少し濃い目の割り下で野菜と共にしゃぶしゃぶ感覚で食べるのである。いわばすき焼きの鴨肉版といった味わいだが、肉のすき焼きとは違った合鴨ならではの旨味がある。

最近では、すき焼きよりもさらにあっさりした料理法が好まれているようで、合わせだしで野菜を煮た後で、最後に合鴨の肉を入れ、火が通ったところをだしと共に食する鍋も人気のようである。

いずれの鍋も抱き身の部分を肉として、もも肉はミンチにし、つくねにする。こうした合鴨料理は昔は大阪では主に川魚料理屋が得意とするところでもあった。

料理／浪速割烹　㐂川　上野　修

材料
合鴨団子
合鴨ロース肉
水菜
青ねぎ
焼豆腐
椎茸

作り方
一、節昆布だし、濃口醤油、酒、みりんで割り下を作る。
二、合鴨もも肉の挽き肉、みじん切りして塩もみした玉ねぎ、とろろ、卵黄、浮粉を練り合わせ、団子にして蒸す。
三、そぎ切りした合鴨ロース肉、水菜、青ねぎ、焼豆腐、椎茸と一緒に鍋で炊く。

ハリハリ鍋

ハリハリ鍋とは、分かりやすくいえば鯨肉と水菜のしゃぶしゃぶ。何故にハリハリなのかには諸説あるが、おそらくは水菜を生で3～5センチ程度に切って煮すぎないほどに引き上げるので、その歯触りから付いた名であろう。

ハリハリという料理でいえば、干した大根を刻んで三杯酢に漬けたものもある。大阪では田辺(たなべ)大根を使い、これを丸干しにしたものをごく薄くスライスし、三杯酢などに漬ける。

鯨と水菜は相性がよく、水菜が鯨赤肉のクセを消し、水菜の程よいアクが赤肉と調和する。この水菜には京水菜のような茎が細い千筋（千条）水菜と、大阪で親しまれてきた晩成種で茎太の水菜がある。冬の霜にあたり育った茎太水菜で作る鍋だからこそ大阪の味になるのだろう。

料理／料亭　西玉水　乾　貴朗

材料
ナガスクジラ尾の身
水菜
焼き餅
粉山椒
つゆ生姜

作り方
一、クジラ肉は2～3℃で1日かけて解凍し、じっくり血抜きする。
二、やっとこを使い、筋を1本ずつていねいに取り除き、薄切りする。
三、節昆布だし、薄口醤油、酒、塩で、吸い物よりやや濃い程度のだしを作る。
四、皿に切り分けた水菜とクジラ肉を並べ、粉山椒をクジラ肉にふる。焼き餅を添える。
五、沸騰しただしでそれぞれ炊き、だしと一緒に椀によそって供する。椀に、つゆ生姜を加えて味を調える。クジラ肉は30秒程度で引き上げると、柔らかくいただける。

おでん

本来の大阪のおでんは、大根やこんにゃくなどを水煮したもの。これに白味噌を味加減して溶いたものを付けて食べる。

現代では関東風の煮込みが主流となったことから関東炊きといわれるが、正しくは「関西炊き」と呼ぶのがよいのかもしれない。明治時代に大阪で流行した屋台の物売りの声に、昔の大阪おでんを知ることができよう。

「おで〜んさん、おまえの生まれはどこじゃいな。私の生まれはこれより東、常陸の国は水戸さまの中山育ち、国の中山でる時は、藁（わら）のべべ（着物）着て帯しめて、鳥もかよわぬ遠州灘を舟に乗せられ、落ち着く先は大阪江戸堀三丁目、べっぴんさんのおでんさんになろうとて、朝から晩まで湯に入り、湯から上がって化粧し、串さして赤いおむし（味噌）の着物きて柚子に生姜、胡麻に青海苔ちょいとかけて、おでんさんの、あ〜つあつ」水戸育ちといえば、もちろん江戸時代から栽培が盛んであった「水戸こんにゃく」。こうしたおでんを夜ごと売り歩く田楽屋が大いに流行したそうである。

材料

おでんダネ
- 大根
- こんにゃく
- がんもどき
- すまき
- ごぼ天
- えび天
- 卵
- ロールキャベツ
- えびいもなど

作り方

一、鯛頭と羅臼昆布で取っただしに白味噌を溶き、白醤油を加えて味を調える。

二、一のだしと鶏ガラスープを混ぜ合わせて煮汁を作る。煮汁は、作るたびにつぎ足しながら味を深める。

三、おでんダネを入れて味が染みるまでじっくり炊く。

料理／常夜燈 豊崎本家　池永 伸

バッテラ鮓（ずし）

大阪の寿司は江戸の握り寿司とは違い、筥鮓（はこずし）として誕生している。

江戸時代でも町人文化が華開いた文化文政の頃には、大阪心斎橋に「福本ずし（福寿司）」が開業。少し遅れて天保十二年には船場淡路町の旅籠屋が吉野鮓として筥鮓を始めている。

バッテラは明治期に大阪の南区順慶町（じゅんけいまち）にあった「すし常」が考案。これも同じ押し寿司だが当初は手押し寿司であった。その時分に、大阪湾で大量に獲れていた小鰭（こはだ）の成魚である鰶（このしろ）を使い、布巾などで締めつけ、姿寿司として売り出された。布巾締めされていることから流線型で、しかも尾の部分が反り上がり舟形に似ている。まるで大阪市内河川をパトロールしていた小型ボート（バッテーラ）のようだと、いつしかバッテラの愛称がついた。

その後、鰶が獲れなくなったことや、バッテラ鮓を作る店が増えたことから、魚は鰶から鯖へと代わり、さらに大阪名物の加工昆布のひとつである白板昆布を乗せて押す専用の押し型が作られるなどして、現在のバッテラとなっている。

料理／浪速割烹 和亭　杉本 亨

材料
コノシロ
すし飯
茗荷
切りごま
新生姜（甘酢漬）

作り方
一、コノシロを腹開きし、身を挟むように粗塩をたっぷりとまぶして2時間締める。
二、軽く水洗いし、冷水に1時間さらす。塩味はある程度残しておく。
三、生酢、塩、砂糖の合わせ酢で2時間締め、水気を拭き取る。
四、合わせ酢で味つけしたすし飯をさまし、刻んだ茗荷、切りごまを混ぜ合わせる。
五、すし飯の上にコノシロをのせて皿に盛り、木の芽形にした新生姜の甘酢漬を添える。

蒸し鮓(ずし)

大阪冬の食の風物詩に、「蒸し鮓」がある。木枯らしが吹く寒い町中、店前に置かれた大きな蒸籠(せいろ)から漂う甘酸っぱい蒸し鮓の匂いは食欲をかきたてずにはおかない。

またこの蒸籠には茶碗蒸しも合わせて入れられていた。蒸し鮓とはいわば、ちらし鮓を温めたものだが酢の加減に妙がある。少し酢を控えめにしなければ酢がツンと鼻をついてしまう。かといって少なすぎると鮓らしい旨みがない。

それぞれの店毎に味があったが、一般的には鮓飯を甘めに加減し、その上には椎茸、きくらげ、青すだれ（麩）、焼穴子に錦糸玉子など味つけされたものが盛られていた。また夏場に蒸し鮓をする場合には鱧などの魚介が使われることもあったようである。

蒸し鮓を蒸す場合には、瀬戸物に入れるというのが、ひとつの型になっていたともいわれている。

料理／浪速割烹 和亨　杉本 亨

材料
アマダイ　すし飯
クルマエビ　もみ海苔
アナゴ　錦糸卵
椎茸　軸三つ葉
きくらげ　木の芽
百合根

作り方
一、椎茸ときくらげは、節昆布だし、酒、濃口醤油、薄口醤油、砂糖でそれぞれ煮る。
二、アマダイと百合根は塩をふってそれぞれ蒸す。
三、クルマエビは節昆布だし、酒、薄口醤油、砂糖で煮る。
四、生酢、塩、砂糖の合わせ酢で味つけしたすし飯と、味つけしていない飯を同割で混ぜ合わせる。
五、焼きアナゴ、煮椎茸をみじん切りしてすし飯に混ぜ合わせる。
六、器に盛り、もみ海苔、錦糸卵をのせる。
七、具材を盛りつけ、軸三つ葉、木の芽を飾る。

雀鮨（すずめずし）

大阪の淀川汽水域には今もボラが多く生息している。雀鮨とはそのボラの稚魚である江鮒（えぶな）を用いて、これを背割りにし塩漬けしたものに飯を入れて鮨にしたものである。

雀の由来は、この飯を詰めた江鮒の腹がふくれて雀の形に似ていたことから出た名であるとされている。

たくさん獲れて値が安いものを工夫してこれを旨く有効に活用する。こうした大阪料理が持つ特長をじつによく生かした料理だといえよう。

残念なことだが、現在広く販売されている雀鮨は江鮒ではなく小鯛（二〜三才もの）を利用することが多いようだ。また製法も飯を詰めるのではなく片身にして使われている。

ちなみに大阪で人気を博した雀鮨と同名のものが和歌山の名産となっているが、これは老舗の鮨萬が紀州家お出入りであった関係からその手法が伝わったものではないか、とする説もあるようだ。

料理／総本家　小鯛雀鮨鮨萬　小倉　宏之

材料
コダイ
すし飯

作り方
一、おろしたコダイを塩だけでしめ、酢は使わない。しめたコダイの小骨を抜き、背側と腹側の化粧だちし、身の厚い部分を開く。
二、すし飯を適量にまとめる。布巾に開いたコダイを置き、まとめておいたすし飯をのせる。布巾でしめながら、末広型にととのえる。桶にととのえたすしを詰め、竹皮をのせてフタをする。桶の上に割り竹を渡し、藤づるでしめ上げる。

筥鮓（はこずし）

木枠を使い、まず酢飯を入れて、下味をしっかり付けた細切りの椎茸を並べる。さらにその上に酢飯を置き、刺身などの生魚介類や火を入れた海老や穴子、そして錦糸玉子をのせ上から押す。これを木型から出し縦横十二の長形に切り分けるのが昔からのスタンダードな筥鮓である。ただ押すといっても、この圧し加減に技がいるといわれている。

観劇の客や遠方からの客が買い求める筥鮓なら、客がどのタイミングの幕間や帰宅時間に食するのか、そうしたことをも考えて、押し加減を調整した。また、筥鮓なら様々な具材が持つ味と彩りの妙も酢飯と一緒に楽しむことができる。つまりこうしたことができるのが筥鮓など圧して作る鮓の利点でもあったわけである。

しかしその後に、手っとり早く即席にできる握り鮓が登場。江戸だけでなく、今では日本国中をはじめ世界の都市を風靡（ふうび）するまでになっている。

料理／吉野寿司 本店　橋本 卓児

材料
コダイ　海苔
エビ　椎茸
ケラ玉（玉子焼）　木くらげ
タイ　すし飯
アナゴ

作り方
一、コダイの箱ずしを作る。塩と酢まわししたコダイの身をへぐ。箱に底飯をこめ、上に中海苔をのせ、再び上に飯をこめる。押さずに箱枠を抜いて、すし飯を抜き板にとる。再び箱を組んで、バランを底に敷き、コダイの皮と身を底張りする。先ほど抜いたすし飯を上下逆にして入れ、押す。箱枠から押し抜き、バランをはずす。

二、ケラ箱を作る。箱の底にバランを敷き、底飯をこめる。細長に切ったケラ玉をのせ、その脇のすし飯の上に炊いた椎茸を刻んで散らし、上にすし飯をこめる。ケラ玉の脇にエビを貼る。箱の一番手前に木くらげを貼り、へいだタイを上にのせる。押しブタをのせて押し抜く。

三、アナゴの箱を作る。タレをかけて焼いたアナゴの身が平らになるように叩いてのばす。箱の寸法に合わせてアナゴを切る。箱に底飯をこめ、刻んだ椎茸を散らし、再び上にすし飯をこめる。アナゴの皮目を下にして天貼りし、フタをして押し抜く。

牡蠣雑炊(かきぞうすい)

雑炊もまた大阪好みの料理といえよう。「増水(ぞうすい)」と書かれたりすることもあるようだが、これは多くの水を加えるの意。そして同じ増水であっても野菜や魚介などを入れて、合わせ煮にして塩、味噌等で加減するのが「雑炊」。一方、塩を入れないで穀物の汁とするのが「粥(かゆ)」だとされている。

ちなみによく似たものに「おじや」があるが、これは女房言葉であり「じゃ」は雑炊の煮える音ともいわれるし、「じわじわ」と炊くことから付いた名とする説もある。

全国的に行われている雑炊だが、関西の雑炊たる所以は、やはり味噌を加えるところにある。例えば、正月に食べる七草粥も全国的に有名だが、関西に限っていえば粥にするのではなく、七草に味噌を加えて七草雑炊のようにして食べる習慣が今も残されている。

料理／浪速魚菜　色葉　佐野亨一

材料
カキ
御飯
溶き卵
三つ葉
おろし生姜
もみ海苔

作り方
一、カキは殻から取り出して洗い、熱湯で霜降りにする。
二、炊いた御飯は水で洗ってぬめりを取り、土鍋に移して真昆布だしと一緒に火にかける。御飯がふくらんできたところでカキを入れ、カキに火が通ったら、塩、淡口醤油、白味噌で味つける。
三、溶き卵をまわしかけ、三つ葉を散らして蓋をし、しばらく蒸らす。
四、おろし生姜ともみ海苔を添える。

煮麺（にゅうめん）

大阪府枚方（ひらかた）市の南東部に穂谷（はたに）や津田といった河内素麺を製造していた地区がある。天和年間（1681～1683）に大和国三輪から製法が伝えられたとのことだが、何故に枚方であったかといえば、伊勢参りか京への旅の途中で立ち寄った枚方宿での遊興が過ぎ、金に困った素麺職人がその技術を彼の地に残したとする説がある。

いずれにせよ農家が農閑期に作る素麺だけにさほど繊細なものではないが、独特なコシの強さが大阪好みとなったようだ。大阪の煮麺はこの河内素麺を大阪茄子とじゃこ海老で炊いた汁で煮込んだものである。

茄子と海老との相性の良さはいうまでもないところ。大阪の料理屋では夏に獲れる飛荒海老（とびあらえび）（サルエビ）や足赤海老などを大阪長茄子と合わせ、これらを煮込んだ煮麺の天盛りとして客に供していたようである。

家庭ではもうひとつの煮麺の食べ方として、いわゆる清し汁よりやや濃い目のだしを作り、茹でた素麺を器に盛って下味をつけた椎茸や蒲鉾（かまぼこ）、油揚げなどを乗せ、さきほどのだしをはって食す。現代ではこちらの方を全国的に煮麺と呼ぶようである。

料理／西心斎橋 ゆうの　柚野克幸

材料
シラサエビ
なす
素麺
オクラ
青柚子

作り方
一、シラサエビに串を打ち、さっと湯通ししてアク抜きする。
二、水、酒、薄口醤油、砂糖、生姜で炊き、さまして味を含ませる。頭はつけたまま、胴の殻だけはずす。
三、なすはひと口大に切って皮目に細かく切り込みを入れる。
四、シラサエビの煮汁に還元鉄、濃口醤油、薄口醤油、砂糖、みりん、酒、鷹の爪、焼いた茗荷を加え、なすを柔らかくなるまで煮る。一晩さまして味を含ませる。
五、なすの煮汁にゆでた素麺を浸け、一晩味を含ませる。
六、器にシラサエビ、なす、煮麺を盛り合わせ、ゆでたオクラ、刻んだ青柚子を添える。

信田うどん
かやく御飯

大阪料理において「信田」は、油揚豆腐を用いた料理を指す。そして「かやく」は大阪弁で加薬（役）と書き、主食に加えられる具（薬味）や添え物を意味する。これらはいわば大阪人の気質から生まれた「口合い」の一種であり、つまりは洒落である。

信田と油揚との関係は、信田森の昔話にある。平安中期、冤罪となった安倍保名が、信田森で猟師に追われる白狐を助けた。白狐は女人に化け、安倍保名と結ばれ、子（後の阿倍晴明）も授かった。しかしその子に狐であることを悟られてしまい、姿を消した。

母からの霊能で授かった阿倍晴明はその後、天皇の病気を治し、父の嫌疑も晴らし家の再興を成し遂げた。この話から、信田が狐を意味するようになり、「きつねうどん」には狐の耳を模した三角の油揚げが入っているという次第である。

ちなみに、かやく御飯は五目飯とも呼ばれ、季節によって加薬（具）も変わる。一般的には椎茸、こんにゃく、薄揚げ、竹輪などを細かくきざみ、御飯をだし、そして酒や醤油と共に炊かれたものが多い。

料理／道頓堀 今井　里出 善信

材料（信田うどん）
- 油揚げ
- 青ねぎ
- うどん

作り方

一、油揚げは油抜きし、甘めの煮汁（水、さば節、薄口醤油、砂糖、塩）で1時間半くらい炊く。

二、うどんを茹で、丼に入れ、だし（昆布、さば節、うるめ、薄口醤油など）を加える。

三、油揚げ2枚をのせ、斜め切りした青ねぎを盛る。

大阪漬

大阪漬という漬物があるのかどうか分からないが、大阪らしい漬物というものはある。

ひとつは冬の天王寺蕪（てんのうじかぶら）や田辺（たなべ）大根などを使ったもの。漬物ではこれらを下処理した後に残る、皮や茎などを活用し、軽く塩をして、水揚げした後で、昆布と共に一晩漬けおく。それと唐辛子を加えた甘酢で漬けた「アチャラ漬」もある。こちらは蓮根（れんこん）に生姜や茄子に茗荷などを取り合わせる。さっぱりと夏向きな漬物。現代のピクルスとよく似たものともいえよう。

また夏では泉州の水茄子漬がある。鮮度を落とさないうちに、水茄子に塩をなじませ、湯冷ましで作った米糠（こめぬか）を容器に敷き、成り口を下に向けて漬け込む。庖丁で切るとすぐに変色するので、手割りすることが大事である。

料理／浪速魚菜　色葉　佐野亨一

材料
天王寺かぶら
水なす

作り方
一、天王寺かぶらの茎軸は小口に切る。かぶらは薄くいちょう切りする。外皮をむいた後の皮や茎も使ってもよい。
二、約3％の塩を加え、重石をかけて水あげする。
三、水あげしたかぶらをよく絞り、細切りした昆布と塩水をかぶらが浸かる程度に加えて一晩なじませる。
四、水なすは成り口を切り、丸ごとボウルに入れてひと握りの塩を加え、ボウルの中で5分ほどまわして塩をなじませる。
五、米糠（こめぬか）に湯さまし水を加え、少し固めに練って糠床を作る。
六、なすの切り口を下にして1～3日漬ける。

第三章

平成 大阪料理50選

大阪料理会の過去約八年間の定例会において、平成そしてこれからの大阪料理を考えるというテーマの下に発表された数百に及ぶ料理の中から特に創作性の高い料理を選出。いずれも大阪らしい旬の食材や歳事を盛り込んだ意欲作であり、次世代の大阪料理への指針となるものであろう。

選・文　畑　耕一郎

雉羽太（きじはた）冷や汁 味噌コンソメ仕立て

田舎味噌と白味噌を合わせ、上澄みのみを冷やした味噌コンソメの香りが良く、また葛打ちをした雉羽太の舌ざわり、のど越しが素晴らしい。

雉羽太頭煮凝り（きじはたあたまにこごり）

雉羽太の頭から出たゼラチン質のみで酒蒸しの身を固めたもの。添えた一口大の鮓飯（すめし）との相性が抜群。

料理／割烹 石和川　浦上浩

蚕豆(そらまめ)五種盛

このわたの道明寺と生海膽(うに)を挟んだもの、油目(あぶらめ)の昆布締めを巻いたもの、鮓飯(すめし)と合わせて桜葉で巻いたもの、唐墨(からすみ)をまぶしたものを、蜜漬けにして揚げた莢(さや)に盛りつけた。

料理／割烹 石和川　浦上 浩

新玉葱の共味噌焼き

じっくりと油で炒めた玉葱をたっぷり加えた田楽味噌。さっと焼いた玉葱とのコンビネーションが良いのはもちろん、魚介類や肉類にも合う。

新玉葱の湯生醋　梅醤油

80度で低温調理した新玉葱に青小梅を用いた「梅醤油」を掛けた生醋。泉州玉葱の旨味、甘さが十分。素揚げのエビジャコとガッチョ（ネズミゴチ）の歯ごたえがアクセント。

料理／浪速魚菜　色葉　佐野　亨一

鯛饅頭玉葱包み

煎り煮にした鯛の身を１２０度のオーブンでじっくり焼いた貝塚玉葱で包む。銀餡をかけ、＊アンコールペッパーと霰の香りが効いている。

料理／山海料理　仁志乃　西野 保孝

秋鱧と鱧塩辛の焙烙焼き

鱧の肝、腸、子をじっくり寝かせて作る自家製の鱧塩辛に漬け込んだ鱧身。箸をつける前に焼き香を楽しみたい。

料理／山海料理　仁志乃　西野 保孝

＊アンコールペッパーは、カンボジア産のこしょう。香り高さが特徴。

鱸生卵ゼリー

鱸のスープに烏骨鶏の卵黄を合わせたゼリーで昆布締めの身を寄せ、桃や秋葵を彩り良く、すだちと山葵を効かせた醤油餡をかけ、冷やしたワイングラスで。

料理／日本料理 慶喜　石橋 慶喜

毛馬胡瓜炒め射込み　奈良漬風味

ごま油で炒めた毛馬胡瓜の端切れを鋳込み、熟れ酒粕に漬ける。同様に漬けた鱧子の寒天寄せも旨い。

毛馬胡瓜と鱧の白湯酢

鱧身を鋳込んだ毛馬胡瓜を鱧皮で巻き、低温で蒸してしっとり感を残す。細かく刻んだ鱧身と玉葱、昆布で引いた白湯スープにレモン塩と酢で味つけ。粗で引いたスープゼリーがアクセント。

料理／日本料理　慶喜　石橋　慶喜

無花果(いちじく)の共葉焼き

たっぷりの鴨肉ミンチを練り込んだ味噌を葉に敷いて、半割の無花果を包んで焼き上げた。果肉のねっとり感と甘味に鴨味噌が絡む。

料理／元伊万邑　今村 規宏

合鴨蒸し煮　柿味噌のせ　豆腐ソース添え

柿ペーストをベースに作った柿味噌と一緒に真空低温で調理した合鴨はしっとり柔らかで、あんぽ柿味噌が旨さのポイント。クリームチーズ風味の豆腐ソースでなめらかさを持たせる。

料理／辻調理師専門学校　大引 伸昭

枝豆淡雪羹　海胆添え

八尾産の枝豆ペーストに泡立てた豆乳をゼラチンで寄せた。彩りも良く、莢から引いた冷し餡は枝豆の香りたっぷりでなめらか。

料理／（有）貴重　広里 貴子

小鯛の野崎焼き

河内の野崎は菜種の栽培で有名だったことからの料理名。内臓、鱗も残した小鯛に下味をつけ、１１４度の菜種油で5時間じっくりと加熱し、２４０度のオーブンで油を抜いて提供。骨、鱗までサクサクと旨い逸品。

料理／懐石料理 雲鶴　島村 雅晴

真魚鰹（まながつお）と天王寺蕪（てんのうじかぶら）の風呂吹き（ふろふき）

真魚鰹は煮切り酒ベースの漬け地で55度の湯煎で真空低温加熱。大阪名産の天王寺蕪は真魚鰹のだしで下味を入れ、柚子味噌で提供。カリッと揚げた骨が良い歯ざわり。

料理／懐石料理 雲鶴　島村 雅晴

梅蜜煮（うめみつに）（酒粕射込み（さけかすいこみ））

大きな南高梅にそれぞれの調理を施した酒粕、クリームチーズ、豆腐、ヨーグルトを鋳込んで、炭酸味の梅酒ゼリーをかけた。梅の酸味、蜜の甘味、鋳込み材料のバランスが絶妙。

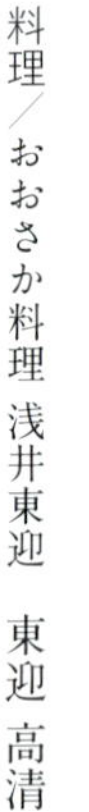

料理／おおさか料理 浅井東迎　東迎 高清

鮎並小龍包仕立　薬味　美味出汁

小籠包の皮のように薄く伸ばした鮎並の身で煮凝りのほぐし身を包んだ手間の一品。銀餡をかけ、みじん生姜ラー油と浅葱の天盛りが効いている。

料理／おおさか料理 浅井東迎　東迎・高清

あわび飯　山椒あん

鮑（あわび）だしで炊いた御飯に柔らかな鮑をのせ、肝だれ、生のり醤油煮をかけ、実山椒のピリッとした辛味が爽やかな銀餡が全体をまとめている。

料理／日本料理 おくらやま清水　清水 隆史

あこうの昆布締め　青梗菜（ちんげんさい）　岩茸、山葵（わさび）　梅醤油

皮霜にしたあこう（雉羽太（きじはた））を酢洗い、薄塩、昆布締めにする。梅醤油は熟した南高梅に濃口醤油、煮切り酒、昆布、鰹節をブレンドし、約50日間寝かした絶品のもの。

料理／ときわ松　神田 芳松

高野穴子（こうやあなご）

裏漉した高野豆腐に柔らかに煮た穴子を混ぜ合わせた「穴子擬豆腐（あなごもどきどうふ）」。旨味が出た煮汁も寒天、ゼラチンで寄せ、舌ざわりは究極。

料理／ときわ松　神田 芳松

秋鱧印籠煮（あきはもいんろうに）

背ヒレと内臓を壺抜きにした鱧に両面から骨切り、白焼き、蒸して中骨は処理。梅酢、炭酸水をベースに調味して煮上げ、有馬山椒で香りづけ。

料理／なにわ料理 有　古池 秀人

牡蠣三種盛

自家製の牡蠣塩辛に小切りの生を漬けたもの、塩辛に卵黄を加えた黄身地で焼いたもの、燻製醤油で味つけの竜田揚げ、三様の持ち味が面白い。

料理／割烹 作一 河村 幸貴

道明寺蒸しの泉州蕗餡掛け

粉鰹を加えて煮た泉州蕗の葉を、吸い地で戻した道明寺粉で包み、油で揚げ、蒸し上げた。蕗入りのシャキシャキした餡がよい歯ざわりと香りを高める。

料理／料亭 梅廼家　菰田 昌寛

馬場茄子 茶碗蒸し 泉州じゃこ海老出汁のジュレ

泉州名産品コラボの料理。茄子のピューレ入りの卵生地に和蘭陀煮の茄子や海胆をのせ、じゃこ海老の旨味が効いたジュレ。葱の芽と茗荷が爽やか。

料理／元貝塚 料亭深川　吉良 健太郎

くらわんか牛蒡汁（ごぼうじる）

鴨だしに1日干した牛蒡、薄揚げに油炒めのおからを取り合わせた、具だくさんの汁。「くらわんか」は悪態を吐き悪霊を祓（はら）い、淀川を往く旅人の安全を祈願する意があるとされる。

くらわんか鮓

蒲焼きの淀川鰻（よどがわうなぎ）と毛馬胡瓜（けまきゅうり）、鱸（すずき）のおぼろ煮を取り合わせた押し鮓、具材三種は木津川、宇治川、桂川が淀川へ流れ込むイメージ。

料理／旬屋　じょう崎　城崎　栄一

木積筍摺り流し　大阪若布葛豆腐

大阪貝塚市の木積筍は名産品。穂先は木の芽焼き、太い部分は吸い地に摺り流し。若布はペーストにして葛豆腐に練り込み、花山椒はアマニ油で乳化させて彩りと香りを添える。

料理／旬屋　じょう崎　城崎　栄一

田芹と合鴨ささみ白和え

ゆがいた芹の根と旨煮の合鴨のささ身を加えた白和え衣はコクと歯ざわりが良い。彩りの葉の青寄せを敷いて盛りつけ、天盛りの茎はシャキッと旨い。

料理／旬菜　喜いち　板倉　誠司

足赤海老古酒漬け

日本酒の古酒、濃口醤油、砂糖、生姜、紫蘇、唐辛子に生の足赤海老、帆立貝柱とタピオカを漬け込む。柚子皮が加わり、まったり古酒の芳醇な味が増す。

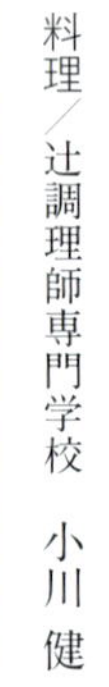

料理／辻調理師専門学校　小川 健

焼栗豆腐

蒸し栗を練り込んだ葛豆腐に八方煮の栗が入った栗づくしの一品。仕上げの栗味噌と栗フレークが香りを添える。

料理／味彩旬香　菜ばな　前田 武徳

寒鯛と秋茸　生白子醤焼き

生白子を漬け込んだ淡口醤油に酒とみりんを加えて「生白子醤」を作り、鯛の身を漬けてしっとり焼き上げる。松茸、占地、舞茸のだしと生白子醤を合わせ、卵黄を練り込んだ和え衣と共に、秋の風情で盛る。

料理／味彩旬香　菜ばな　前田 武徳

甘鯛の慈姑鱗見立揚げ

一塩の甘鯛に薄くスライスした慈姑を衣に揚げた。煎餅状の慈姑が香ばしく、添えた鱗の歯ざわりもよく、味噌漬けのちしゃ軸の色が冴える。

料理／キュイジーヌ・ド・オオサカ・リョウ　畑島 亮

河内蓮根の摺り流し 大阪蜆熟成味醂漬け餡掛け

河内蓮根のすりおろしを卵生地と合わせて蒸し上げ、白醤油と米酢をブレンドした熟成味醂に漬けた淀川蜆をのせ、餡かけにする。山椒の新葉が薫る。

料理／キュイジーヌ・ド・オオサカ・リョウ　畑島 亮

浅利と新玉葱のおろし酢和え

浅利の酒蒸しをおろし新玉葱を加えた土佐酢で和える。軽く干した霰切りの玉葱のシャキシャキが心地よく、実山椒と針生姜の香りが残る。

料理／おおさか料理　浅井　久保　是人

秋鰻と浪速野菜含め煮

淀川鰻を白焼き、実山椒を加えた淡い八方地で煮込んであるが、しっかりした持ち味は天然物ならでは。勝間南瓜、玉造黒門越瓜、千両茄子は一滴の鰻たれで旨味が倍増。

料理／鰻や　竹うち本店　竹内　一二

高足蟹と旬菜のミルク豆腐和え

蒸した蟹身はぷりぷり、ミルク豆腐は牛乳、生クリームをゼラチンで寄せたもの。ごま風味で和えれば丘ひじき、椎茸、新牛蒡との相性も良好。

料理／割烹　くぼた　久保田 博

鱧と蜆の土瓶蒸し

細切りの鱧身を加えた真薯、蜆は葛打ちをして丸に取る。小蕪は包丁技が冴える菊花に、吸い地は蜆汁が効いて旨味たっぷり。柚子の匂いが漂う。

料理／太閤園 料亭 淀川邸　岩渕 貴生

羽曳野無花果の舌鮃巻き

薄塩の舌鮃に無花果を巻いて揚げ、ごま油で煎り焼いた吉野葛のごま豆腐を被せると掛けだしとの絡みもよい。骨せんべいが良いアクセント。

料理／元み奈美亭　松本　成寿

きんぴら若牛蒡信太巻

茎のきんぴらを薄揚げと葉で巻いて煎り焼き、根はペーストにして葛豆乳餡にして敷く。さわやかな若牛蒡のすべてを食べる。

料理／北新地　うの和　布谷　浩二

立春乃頃　東風凍解

低温調理した鰆の蕗の薹風味焼き、鰯タルタル、精進の信田巻、白魚桜蒸し、海老身を巻いた若牛蒡揚げを組み合わせた。春間近の酒肴。

料理／辻調理師専門学校　濱本 良司

香茸温鮓（こうたけぬくずし）

香りが持ち味の香茸の戻し汁で炊いた鮓飯。香茸の刻みと蕗（ふき）を加え、錦糸卵で巻いて蒸し上げる。ふんわり温かい湯気と共に香気が漂う。

料理／島之内　一陽　小河原　陽一

豆乳　芭葉露亜（ババロア）風

濃厚な豆乳ババロアの茶菓子。なめらかなカスタードソースにお多福豆（たふくまめ）の黒色とはじかみ生姜の赤色が盛りつけを引き締める。

料理／上方和食　嘉楽　古谷　文男

干し筍あん肝きんぴらと豆乳白酢掛け

ヨーグルトと豆乳を合わせた豆乳ヨーグルトで戻した干し筍を淡口醤油や一味で炒め、あん肝で和える。白酢は、同じく戻した干し筍、焙煎黒豆、菊菜、銀杏、子持ち昆布を蜂蜜を加えた豆乳ヨーグルトで和える。

料理／天の川　なかなか　岡本　正樹

手亡豆摺り流し　牡蠣饅頭

牡蠣の肝と大豆を白玉粉の皮で包んで蒸した饅頭。手亡豆の摺り汁と牡蠣だしに隠し味の白味噌を効かせた吸い地がまったりと旨い。

料理／小嘉津　早川 友博

秋葵の飛龍椀

叩き秋葵に卵と浮き粉の生地を混ぜ、海老、筍、木耳、枝豆を加えて揚げた変わり飛龍頭。たっぷりの吸い地に白髪葱と青柚子で香りよく。

料理／はしま　山本 英

栄螺と和蘭辛子のごま酢味噌

大根と共に柔らかく煮た栄螺の身。裏漉しの肝とクレソンで調味したごま酢味噌を添える。白子の裏漉しがコクを増している。

料理／はしま　山本 英

三島独活と伊佐木 若草変わり巻き

昆布締めの伊佐木と調味塩麹に漬けた独活をゆがきレタスで巻いた。桜チップで燻した独活の枝葉で味つけた醤油と昆布酢で割った薄塩麹で提供。

料理／元高槻　庖丁処荒木　荒木 宏之

河内蓮根雲子饅頭

雲子の蒸し汁、卵白メレンゲ、生クリームのゼリー寄せを卵黄入りの蓮根餅で包み揚げる。銀餡をかけ、雲子、白髪葱をのせて山椒油で香りを添える。

料理／元高槻　庖丁処荒木　荒木 宏之

赤芋茎真蛸　吸い酢

赤芋茎の地漬け、叩き秋葵、湯引き真蛸、トマトウオーターのゼリー寄せをグラスに盛り、吸い酢をたっぷり注ぎ、蓴菜や花穂紫蘇で涼しげ。

料理／旬菜 山崎　山崎 浩史

白子湯豆腐(しらこゆどうふ)
ふぐのヒレ艶煮(つやに)

豆腐生地で白子を加えた茶巾包みをふぐ出汁で煮てポン酢で賞味する。弱火で3時間焼き、1時間以上煮たヒレは溶けるように柔らかい。

料理／法善寺　浅草　辻　宏弥

第四章

大阪料理と料理屋に関する資料

文　笹井良隆

近世からの大阪料理への考察

江戸時代に入り料理はかつてなかったほどの進歩を遂げることになるが、その最も大きな要因となったのが飲食店の進出であった。江戸の初期には道行く人の空腹を満たす食物店(くいもののみせ)は各所にあったが、未だに料理屋と呼べるものではなかった。

そのような中で、関西関東において料理屋の動きが起こった。その代表的なものとして知られるのが、関東では明暦3年（１６５７）に江戸に起こった大火後にできた奈良茶店。江戸の大半を焼き尽くしたとされるこの大火。大火の後は食物屋が繁盛する前例としても知られ、後に大正１２年の関東大震災後も同様とされる。

話は逸れたが、この明暦の大火の後に浅草の金龍山(きんりゅう)門前にできたのが奈良茶店。茶飯に豆腐汁、煮染煮豆を揃えて奈良茶として売り出したとされている。これをして料理店の濫觴(らんしょう)とする考え方もあるようだ。

しかしここで問題なのが火事は明暦であったことは事実であるが、奈良茶店ができたのが明暦であったと記してあるものはない。もっとも確かな資料としては明治２３年に編纂された『江戸の花』には、天和年間（１６８１）に奈良茶店ができたとの記述がある。そうなると大火から約３０年後にできたことになる。同書物にはこう記されている。

「江戸に飯を売る店はなかりしを、天和の頃はじめて浅草並木に奈良茶飯のみせできしに、諸人珍らしとて浅草なら茶喰わんとてわざわざゆきし物好き多かりしと云えり。

しかるに都下繁盛につれて追々飲食店多くなりし中に明和（１７６４）の頃升屋祝阿弥と云いし料理茶屋あり・・。同じく天明年中（１７８１）に通人が遊ぶ料理屋、二軒茶屋、百川などその頃に評判高きものなりし」

またこれら料理屋は京阪の料理屋を真似たしつらえであったことも記されている。有名な浅草の八百善も享保（１７１６〜１７３５）年間にできていることを考えれば江戸の料理屋文化が整うのもこの頃であったと考えてよいだろう。

ちなみに、いわゆる料理屋と呼べるハイクラスな飲食店ができる前の状況については『近世世相史』（明治42年）に次にような記載がある。

「寛文年間（1665～1672）の初めに江戸府内には煮売とて街傍らに蔬菜魚肉の煮たるをひさぐものある。今の屋台店にして下流の求めに応じつるものなり。中流以上の要求に応ずべき料理をもって生業とするものは未だ顕れず。茶屋というものはありしも之は旅人の休息に備え或いは寄り合い談合に座敷を借すに過ぎず飲食物を供するにあらず。ただ慳貪・蕎麦切のみは寛文の頃より店を出してひさぐもの出来たり」。

関東に先駆けた、京阪の料理と料理屋の確立

京阪における料理屋そして旧料亭の誕生も、関東と同様である。つまり屋台店そして茶屋などから次第に飲食規模を拡大している。

大阪におけるハイクラス飲食店の先駆けといえば、四天王寺の「浮瀬」がまずあげられる。当初は新清水の門前の茶店であった。浮瀬の名前が出てくるものとしては『元禄曽我物語』（元禄15〈1702〉年刊行）がある。現代語に書き換えるならおおよそ次のような京の人と大坂人との船上のやりとりになるだろう。

京「大坂は水が悪くて染物ができない。晒しの帷子も一度大坂の水に入れてしまうと卵色に、一度洗えば鼠色になってしまう」

大坂「いくら京の水がよくても京では、ぴちぴちはねる鯛など見たこともないだろう」

京「それなら大坂に糸織物はあるのか」

大坂「京にはすっぽんを料理する技はないだろう」

京「鹿の子染めや紅染めは京でないとできません」

大坂「天王寺蕪や浮瀬の杯なんて京にはないだろう」

昔から京と大阪はあまり仲が良くないようだが「京は着てはて、大阪は喰うてはてる」ルーツはこの頃からあったようだ。元禄15年に刊行されたものに、すでにハイクラス料亭として全国に名を馳せていた大坂の浮瀬亭の名が出てくることから考えれば、大坂の料理屋は江戸よりも早く、明暦の大火の頃にはすでに整っていたと推測できよう。

さて、当時の最大の観光スポットであった四天王寺や一心寺を核に、「浮瀬」に続いて「西照庵」「福屋宴席」といった新料亭が誕生。料亭もまた時代が求める嗜好に変化を強いられてきたのである。福屋宴席などは宴席と呼ばれるだけに大衆路線を基本としたサービスとなっており、浮瀬や西照庵などより気軽に利用できる処となり、時代はさらに料理屋に軽便さを求めるようになっていったことは南木芳太郎氏が編纂した郷土研究機関誌『上方』に記されている。

大阪の「割」を料理の上なるものとした料理文化。この割にも大きく2つの意味があったよ

大阪天王寺区の生國魂にあった「西照庵」（明治中期）

うに思われる。ひとつは魚介を割く包丁技であり、もうひとつが鮮度の良い食材そのものである。

煮売屋など煮物屋台といったただ空腹を満たす料理屋から割の技を愉しめるワンランク上の料理屋の流れ。また料理を料理だけでなく家屋、庭、しつらえ、もてなしとすべてに文化度を高めた料理屋が渇望された時代から、簡易で軽便な料理屋が求められる時代へ。ここには割を中心とした料理とそれにまつわる文化を必要とした層の衰退と、大衆がこうした料理文化を謳歌する時代への移り変わりがあった。そのような割の料理が、さらに拡大を見せたのが明治期から大正期に多く現れた「仕出し屋」であり「割烹店」であり「カウンター割烹店」の誕生であった。

では大阪において明治後期になにがあったのか。明治末から大正に至る近代化の進展に伴い、商都大阪においては個人商店から株式会社への転換期を迎えている。これまで暖簾をかけた商店であったものが会社となる。それまでは商談なども自家に招いて、なじみの仕出屋か

腰掛料理「鳴門」—昭和初期

ら料理を調達して接待していたが、そうした商談・接待・もてなしのあり方が大きく変わり、次第に料理屋がビジネスの場でありパートナーとなったわけである。もちろんこれまでの仕出し店も必然的に得意先である商家のニーズに合わせ、料理屋や料亭へと商売形態を変えはじめたのである。

また、もてなしの料亭とは異なり旦那衆が自ら料理を気軽に愉しめる場としての割烹店は大正時代に急激に増加し、オープンキッチン風の割烹や、店の座敷をステージに見立てた舞台割烹など様々な割烹スタイルも大阪から生まれた。そしてこうした客前で料理して見せるという軽便さを可能ならしめたのがガスの普及であった。大阪ガスもまた料理店だけでなく一般家庭に対しての本格的なガスを使った割烹講習や教室を展開したのである。

昭和5年に発刊された食通雑誌に『上方食道楽』がある。その中で「上方を語る会」の様子が掲載されている。少し面白い箇所があるので紹介したい。「東西の食味観」をテーマにした

舞台料理の南地「濱作」昭和十年頃

対談の中で、当時大阪で流行していたいわゆる現代の割烹店の魁けともいえる即席料理や腰掛け料理のことが語られている。

「（こうした店では客は）庖丁さばきを見ながら、自分の好きなものを造らして食べるのですから、安上がりでしょうが、その実は高いものにつきます」

「（そうした商売の魁けとして）『喜久の家』はあてましたね」

「腰掛け（テーブルやカウンター）で食するあの式は現代人の気持ちにぴったりときている。受けるに違いありませんな。それに場所も非常によかった」

同様に、この「喜久の家」のことを次のように紹介している昭和初期の『大阪案内』もある。

「歌舞伎座の西横手といえば、食道楽大阪の中心地帯で門なみ料理屋だ。そのうちで名高い

喜久の家—昭和初期

喜久の家—昭和初期

のは「喜久の家」の季節料理だ。ここに来るほどのお客さんは一廉の食通をもって信じている人達だから、料理場にある魚を見て、「それを刺身にしてくれ」とか「あれを炊き合わせにしろ」とか、好き勝手な注文をする。料理人はお好みに従って、その面前で庖丁を振るうというのだから嘘もごまかしも出来ない。従って新鮮な材料を使ってうまいものを食べさせることになる」

この、今でいうお店紹介文には食通が通う店、ということになっているが、こうしたスタイルの店に影響を受けた市中の料理屋は少なくない。例えばそうした店の中には、仕入れた魚名などを板書（色板）し、一般の客は食材名を見て自分達の食べたいものをオーダーできるようにもなっていった。

かくして家庭の主や、商家の旦那衆らは料理店に対して、自分たちの食べたいものや望む味わいを伝えそして教える。そこから学んだ料理（割烹）店の料理（エッセンス）というものが形を変えつつも家庭料理となっていく。そんな中で時代を経て作り続けられてきた料理が郷土料理ともなっているのではなかろうか。大阪料理の中には、そうした家庭と料理店とによって培われてきた時代のエッセンスのようなものがあるように思う。たとえ名もなき料理屋の仕事であったとしても、いつしかそれが家庭料理の味

上方を語る會

―上方食道樂社第一回漫談會―

於大黑橋北詰「大豐」

―出席者―

白雲庵主人　林春隆

書家　須磨對水

大阪割烹學校々長　的場多三郎

大阪毎日新聞社學藝部　高原慶三

漫畫家　吉岡鳥平

柳家書廊　三好米吉

大阪砂糖日報主筆　森川重

鹽野房次

豐福

寫眞說明

向って前列右より三好米吉氏、林春隆氏、須磨對水氏、高原慶三氏、的場多三郎氏、吉岡鳥平氏、後列よ右り鹽野、豐福、森川重幸氏である。

上方食道楽「上方を語る会」

に何らかの影響を与える。時代を経て、私達はそうした味や料理を知らず知らずに愉しんできているのである。もちろんこれは大阪に限ったことではなく日本全国の料理もまたそのようなものであるのではないか、と私は考えている。

最後に、大阪の味や料理や、大阪人の味に対する気質などが書かれた多くの過去の資料の中からその幾つかを紹介したい。

料理屋号附録

資料1

料理の変遷

『江戸むらさき』（笹川臨風著　大正7年刊）より

「織田信長のような田舎武士は都ぶりなる三好氏の家風を伝えたる料理は、口に合わなかったが、派手好きの豊太閤になるとその向上と共に、ずいぶんと口の驕ったことと思われる。天正十八（1590）年、毛利輝元が太閤を馳走したのをみると、五献七膳ということで、当時における豪奢のありたけを尽くしている。御成日記、御献御進物次第にこうある。

初　献　鳥羽雉子の足に、しべ（飾り）刺す、はきあげ金。焼き鳥　雑煮　五種。
　　　　亀の甲　串鮑　鰹　はりこ　するめ　鱧

二　献　中蝦　鯉　くらげ　おけ（絵あり金）

三　献　鮓（鮒）　鶴　巻するめ　むしむき（まながつお）

御本膳　塩引　焼物（鮭）　おけ（金糸青絵）　大あへまぜ
　　　　御湯漬　香の物　蒲鉾

二之膳　焼き鳥　御汁（鱈）　章魚（たこ）　海月《くらげ》

三之膳　からすみ　焼物（鮎）　御汁（白鳥）　かい　生烏賊　鮓《すし》

輿之膳　大鱧　御汁（鯨）　刺身（鯉）　御汁（鯒こち）

五之膳　御汁（鮒）　鴫《しぎ》　鮓（鮎）　御汁（えい）

六之膳　雲雀　鯛の子　御汁（かん）

七之膳　赤貝　御茶之子　十二種（略）

　これらを見るとだいたい、桃山時代の料理のさまを察知するに難からぬ。江戸も寛文の頃（1661～1672）までは質素であったに相違ない。料理茶屋がその頃まで少なかったことは嬉遊笑覧にも出ている。寛文頃の作と伝えられている東海道名所記の江戸の部に、歌舞伎芝居のことや傾城町のことは書いてあっても料理茶屋のことは微塵もない。浅草観音の條下にも「貴賤群衆して、あゆみを運ぶ」とあるだけだ。金龍山の奈良茶のことは、西鶴の置土産に、近き頃とあるから、先ずは元禄の頃のことであろう。慳貪蕎麦切りがもてはやされていた世の中であるから、奈良茶がもてはやされのも無理からぬ次第。けれども料理茶屋の起源は下流社会の需要に応ぜんとしたので上流のものはあずからぬ。江戸に平民社会の勢力があったその影響とみて差し支えない。（西鶴）置土産に金龍山の奈良茶を説いた（箇所）にも「末々のものの勝手のよきことなり」とある。元禄は贅沢な時代、華奢な時代と云われてはいるが上方文明の時代にあって、食物の贅沢はあまり見受けぬようである。食道楽などと贅を並べる物は、はなはだ乏しかった。食通を並べ立てた大盡は物の本にも見えぬ。元禄中の江戸図鑑に江戸名物を載せてあるが、多くは饅頭だの、餅だの、飴だので、（蕎麦など慳貪屋に奈良茶の名物店など）、当時の江戸の名物料理はこんなものであったのだ。慳貪のごとくきは嬉遊笑覧には「ただ俗に覚えるやさしみなき意にて、一椀づつ盛りたるを喰う。ひとの心にまかせて勧めもせざるゆえなり。その呼び声も一杯六文かけねなし、現金かけねなしという事その頃のはやりなり。ほかに持ち運ぶに膳を入れる箱はけんどん箱なるを、やがてけんどんとばかり云ひ」とあって、その語源を説明している（中略）。

　奈良茶や蕎麦切りが流行して、その他に料理屋らしい料理屋のなかった江戸の当初の質素さは思いやられる。けれどもこの頃までの上方は江戸に比べると、なお遥かにましであったろう。しかしそれも創業時代の江戸と歴史的の上方との相違で、上方にも京都はこの点にかけると質素である。商人の勢力のあった大阪が進歩していたであろうと思われる。

資料2

大阪の名物

『大阪観光資料叢書』（昭和15年刊）より

大阪の名物に就いて

上方郷土研究会長　南木芳太郎

大阪の名物と申しますと、これは食べ物ばかりのことと思われるでしょうが、名物というと食べ物に限ったことではないのであります。例えば文楽座、これは大阪の代表的の名物でありますが、この間廃止になりましたが、堂島の米相場、あれも大阪の名物といってよろしい。それから夏になりますと天神祭の川渡御、これも大阪の名物といってよろしい。新しい方面では宝塚の少女歌劇もありますし、四つ橋の電気科学館もあります。しかもプラネタリウムという日本に二つしかないのが見られます。これなども大阪の名物として誇ることができようと思ひます。（略）

（大阪は）昔から天下一の商業都市となっておりますし、また天下一の台所となっているのであります。天下の台所といわれて日本の賄ひをして居ったところなのであります。と申しますのは大阪へ物がみな集まってくる。そうしてこの地で品物が捌かれて諸国へ散って行くのであります。なぜ大阪に物が集まってきたのかというと、大阪は昔から、海からでも陸からでも、非常に運搬の都合の好い処であります。ですから大阪には百年前の昔のことでありますけれども、蔵屋敷というものがありました。それは諸国の大名が競ってこの大阪に蔵屋敷を置いていったのであります。どういう訳かともうしますと、大阪へ自国の物を運用して金に換へ、自分の国の経済を立てていたからであります。

第一は、御国米を大阪へ持ってきて、これを金に換える。これで自分等の台所を賄うたのであります。ただ米だけでなしに、自分などの国の物産、例えば徳島であれば藍、備後ならば備後表（畳）、土佐ならば材木とか土佐半紙、そういう産物を持ってきて金に換えて、また大阪で品物を買うて国へ持って帰る。（略）

それともうひとつが気候です。大阪は春夏秋冬に気候が順調で決して偏っておらんのであります。ちゃんと四季に分かれて順当に行っているのであります。そういうわけで畑にできますものなどでも今日から考えますと、昔は大変いいものが出来たのであります。

例えば大阪の名物として有名であった天王寺蕪というのは、天王寺に産した蕪であります。住吉の芋、あれは住吉名物となっております。今日ではすたってきましたけれども、昔は住吉の土地へ芋を植え付けたら土地に適って非常にいい芋が出来たのであります。

それから人参、これは現代の皆さんは気がつかないでしょうが。木津の人参といって非常に賞味したのであります。また木津には、木津の冬瓜といって美味なのができます。

それから今宮の干瓢といって今宮には干瓢が作られたのであります。また大根は天満大根といって非常に賞味されたし、葱は難波（なんば）という代名詞になったほど非常によく出来たのであります。そういうふうに土地に適った土なり肥がよく効いて、いいものが産出しました。

それから果物では新田西瓜、また市岡西瓜といったもの、桃は稲田桃といって東の鴫野村の一寸先に稲田村というのがあります。（略）こういうふうに野菜でも果物でも非常にいいものが産出しましたので、それが自然に名物になったのであります。

（こうしたことは）ここに持参しました「進物便覧」という本に大阪土産物と書いて品名を載せているだけでも百点ほどあります。この本は文化八（1811）年、今から百二十年前に出版されたもので、つまり土産案内であります。（略）その他、食べ物では新町に砂場という処に有名な蕎麦処がありました。福島には雀鮨、それから虎屋の饅頭、煎餅では金槌煎餅、明治になりましてから寝呆け煎餅。川魚料理、これは大阪得意の料理でありますが、大阪は川筋が多いので所々に生け簀があり、川魚を料理したのであります。東京ではそういう場所がありませんので、江戸時代に大阪へ来た客を連れて行ったら非常に喜んだそうであります。（略）

それから明治の初期、二十年頃までは大阪の人の考え方はどういう考え形であったかというと、何でも西洋のものを取り入れたのであります。むやみに新しいものを好んで文明開化を謳歌しました。そのために常時は食べ物でも洋食が喜ばれたのであります。今までは野菜や魚類しか食べなかったものが牛肉を食べるようになった。野菜でも葱より玉葱を喜ぶようにと段々と変わってきたのであります。

資料3

大阪の旅館と料理店

『大阪大観』（大正3年刊）より

大阪人士の食道楽は一面大阪の誇りたり、従いて庖丁の味、真に忘るべからざるものあり。その調味（に於いて）大阪趣味を存し、常に話題に上ること多し、市内著名の割庖店を左に世に紹介して以て舌鼓を打つの資料に供せん。

・いろは　精肉販売西洋料理
・播半　鼈スープ川魚料理
・日本ホテル　西洋料理
・門野　海魚料理
・花月楼　海魚料理
・灘萬　川魚料理
・魚岩　海魚料理
・南陽館　会席料理
・丸萬　海魚料理
・現長　海魚料理
・堺卯楼　海魚料理
・岸松館　和洋料理
・柴藤　鰻川魚料理
・菱富　鰻川魚料理
・備一亭　会席料理

資料4

上方料理

『春城閑話』（市島春城著　昭和11年刊）より

銀座の資生堂の裏横町に暖簾式の小料理店がある。大阪を本店とする支店で屋号を濱作と云うている。食通の坪内逍遙翁が数々この家に飲食して、即吟数首に店の光景を戯れに画して寄せ、行ってみよと勧められたその詠歌は次のごとくである。

これやこの浪華趣味かも客なべて
語らひもあへずひたにのみくふ

（略）

勧めにより自分も心動き、家族を牽いて到り見るに調味もよろしく家も清潔でいたく気に入り、しばしばこの家を訪ふようになった。（略）酒もあしからず、ことに燗に意を用いてチロリに盛ったまま出すのもよろしい。料理は最も材料を精選するらしく鯛の刺身などは上方筋より取り寄せるとかで、この家の名物である。（略）この家には料理場を見透かすところに、尺の短い暖簾がかかっていてその下にビアスタンドのごとき台が作りつけになっていて、客はそこに飲食することができる。（略）こんなことを談ずると濱作のために広告するようであるが、質は近来都下で上方料理がひどく跋扈(ばっこ)し、江戸前の料理は追々その征服に遇って滅びんとする状況をみるにつけ、それはなぜで有ろうかと疑っていたが、ただいま漸く一種の解を得たような気がする。（略）じつに上方料理は必ずしも濱作のごとく、人を惹きつけるように出来ているものばかりではない。また江戸料理も必ずしも上方料理の下風に立つものでもない。しかるに上方割烹の威力が食味界を支配するのは勢いあるは何ぞというに種々に原因もあろうが、経済がその主たる原因であろうと思われる。東京の風俗はとかく豪放で食物の分量なども、ふんだんに盛らねばケチと卑しめて頭から排斥する。その実、ふんだんに盛っても、それを喰い切るわけでもない。ただ豪放な気前がそうするのである。東京の料理人も同じ気質で、原料の買い入れも、調理の場合も無駄をたくさん出して顧みない。京大阪となると気前がぜんぜん異なってすべてつましい。食物の分量に就いても、あえて多きを貪らない。むしろ価（価格）の方がやかましいから適度にものを出す。小さく盛って種類をいくらか多く出す。ここに経済の根本があるので、分量が少ないので安くあがる。上方の料理はどこまでも茶式である。（略）

実は、茶人の法も経済から割り出されたものだから、上方にこの式の行われるのは偶然ではない。（略）上方料理はいかなる料理屋にも侵入して、今は上方式によらない処はほとんどないとも云ひえるような始末である。

資料5

大阪

『色色の食道楽』（宇野浩二著　昭和11年刊）より

大阪独特の鯛の刺身なども、わざと山葵は使わない。山葵のために真の鯛の味が消されるから、というのである。大阪に、薄口の醤油、濃口の醤油と、二通りの醤油のあるのは、元を正すと、そういう人達のために拵えたものかもしれない。しかし、こういう食通の大家が、何が一番旨いかと聞いてみると、結局一番上等の米を最も上手に炊いたものである。飯さえ旨ければお数などいらない位だという。しかしこうなれば大阪向きというよりも、東京向きというのではないだろうか。

真の大阪式の食通はそういうのとは違う。それはどんなものかというと、舌にこたえる旨味、といったものを感じるのに、ほぼ食通同士には共通の標準がある。それはむろんさっぱりした飯だけの旨みも分からぬことではないが、そういうのより、いくらか油気のある、舌を堪能させるだけの、一種の「たんまり」した味でないと納得しないのである。

それを具体的にいうと、鯛の白身より、皮とか、目玉とか、云った風なもので、言い換えると、すべての魚類の皮とか肝とかには皆この種の風味があると云うことになるのである。この一種の油気のある「しつこさ」が、朝からでも夕べの残りの物を小鍋で煮かへして食べる、という程度にまでなるともはや病膏肓に入ったものというべきであろう。が、こういうのも一種の大阪式の食通の資格のようなものなのである。（略）

大阪人にはわざわざ金を払って料理屋の物を喰うのに、自分の家の手料理と区別がつかないような物では損をするという気持ちがある。その一例は東京の料理屋の玉子焼きは赤黄い色に焼いてあって、それをどす黒い醤油をかけた大根おろしを添えて食べる。「あんな玉子焼きは在所（田舎）の玉子焼きや、あんな玉子焼きなら家でもできる。大阪のンは、薄いレモン色で縦の切り口から見ると渦巻き風に幾廻りも巻いてある。こんな巻焼き（大阪の玉子焼き）は、なんぼ家に玉子があっても出来へん」と云う。

しかしこれは一般の大阪人には通用しない。一般の大阪人あるいは真の大阪の食通は決して高いものは喜ばない。安物の中から探し出す。ここに（洋画家）鍋井克之が書いている（ものがあるので）から紹介しよう。

「これほど安いもので、これほど旨いものはなかったと云う記憶が未だに消え去らないものに『肉のドテヤキ』と云うものがある。肉は一見、何肉かは分からない。とにかく串に刺してそれが味噌の中で煮立ててある。一本二厘であったが、この話をすると、舌の先に味噌と肉のこんがらがった味が湧き出してきて、味噌と肉の油が煮詰まった匂いが鼻先にプンプンする。（略）私とても東京大阪の一流の割烹店の料理も知らないではないが、四十歳をすぎて今まで喰ったもので、最も印象の強かったものと聞かれたら即ちこの『肉のドテヤキ』と云ってみたくなるのも不思議ではないか。この話を最近私は恐る恐る大阪の有名な料亭の主人に語ったところ、その人は忽ち私に同感して、それはうまいもんだ、と叫んだ。カッパと称する牛の背の肉の毛をはいだ、その皮の肉で、ぐたぐたと味噌の中で煮て柔らかく「ほとび」さすので、これなら金のない下級の食通をまんぞくさせるのも尤もであることがわかった。（略）私はこの大阪の下町の安物食通の食い物の中に「丸萬」の鯛の粗（アラ）と、別に「半助」というものがあったことを覚えている。（中略）

それから大阪の安い食べ物には、これらよりもっと安いものがある。それは『天かす』と云うもので、これは『揚げかす』と云って東京にもあるが、大阪の『天かす』の方が東京よりもずっと色色に利用されている。この「かす」というのは滓のことで、天麩羅を揚げている時、油の上に浮く衣の欠けを拾い集めたものである。（略）その『天かす』の喰い方を大阪人は知っている。それを温かい飯の上にふりかける法、それに食塩を混ぜて茶漬けにする法。しかしこういう使い方をする『天かす』は、一流の天麩羅屋か相当に名のある店のでなければならない。

（次にもうひとつ）大阪の汁屋。汁屋とだけ云ったのでは分からないが、これは飯も酒もなく、ただ味噌汁だけを吸わせる店である。味噌汁といっても東京人が朝飯の時の常食となっている味噌汁と、味噌そのものが違ふので全く味が違う。大阪で味噌汁に使うのは白味噌であるが、この汁屋のは飯なしで吸えるように甘い白味噌を使っている。つまり（白味噌の甘さが）飯と味噌汁を兼ねたような味噌汁なのである。その上、季節によって、鯛・鱧・赤貝・泥鰌・皮鯨などを実（み）に入れるので、いわば飯と味噌汁と魚とを兼ねた味噌汁なのである。（略）ある一流の料理店の主人の話で表すと「味は上品とはいえないが、かえってその下品なところに独特の味がある。その点で、一流の料理店でもこの味は出せない。それに飯もつけず、酒もつけず、汁だけ吸わすので、その味を一層引き立てる」。どうして（この汁屋で）飯や酒を売らないのかと云うと、商家の多い大阪では、商店の奉公人たちが三度の食事のお数がまずいので、銭湯の帰りとか夜に外出した時とかに、飯はもう腹一杯食べているから、ここで旨いお数を思う存分食べて補う。そういうところから、こういう特別な料理ができたといえるのである。ところが数年前から、大阪にも簡単な安価な洋食の一品料理がふえたので、その方に商店の奉公人達の足が多く向くようになって、今ではかえってインテリ階級の人々に、この汁屋の贔屓が多いという事である。

資料6

和食道楽

『道楽百種』（凌翠漫士著　明治36年刊）より

涼風そよぐ橋の下、柱に繋ぐ猪牙(ちょき)船の、中より聞ゆ三下り、粋をこめたる調子譜子や、流るる水の底深く、映る月影なほ澄みて、ゆかしさ増さるばかりなり。

此処は浪華の中之島。清涼台の東なる、天神橋の傍(かたへ)ぞかし、今朝網島に車を飛ばせ、鮒卯楼に酒を呼びて、暑さを避くる一人の客あり、ただこの儘も、もの寂し。例によって例のごとしとやら、三味ひく歌姫も参りてけり、いろいろ様々の興をものし、ついには船に棹さして、涼みがてらに流れを下り、いともの静かに遊べるようなり。そは去りながらこの人は、生来食に奢れる向きにや、あぁ鯉の刺身も飽きたり、何？鮒の糸造りとな、これは鯛の甘煮なるか、これとれ格別の珍味ではない。刺身よ生造りと賞めそやせど、始終(ひま)なく食べては妙とは云われぬ。さて珍しの白魚よ、よもや隅田の百本杭より取り寄せたのではあるまい、近江の白魚か宍道湖の名品か、何？源五郎鮒といっしょに割烹(りょうり)したとよ、されば滋賀のさざなみで、一層妙味があるであろう、この椀盛りにも鯛の葛叩きを入れてけるか、興津(おきつ)の釣舟より購うた品ならよし、もしも左なくば箸はつけまじ。おやおや大きな烏賊(いか)もあるかな、伊予の海にて漁りしか、これが三つが濱より得たるものなるか、今治あたりの土産なるか、エッ、鱈・鯖・鰤のごときものは御免だよ。鰆ならば一鉢ばかり割烹して貰おうか。ことに真子の甘煮ならば随分喫食してもよろしい。（略）

　何かあっさりとしたものを取って来いよ、鯛豆腐だとか、鮑饅頭とか、その味は好いけれど、やはりあっさりとは行かない方だよ。松茸に蓴菜の煮醤かい、半餅に坊風の向付とな、随分と面白く出かけてきた。あぁ左様か、あっさりも鮮麗だが、いっそ鴨の醤焼に銀杏の和え物など、ひときわ変わって食べられるというのか。鴨の汁醤、鰻の蒲焼きか、またまた濃味物となった。（略）やぁ、出来たできた。速い手際だ、東京で云ったなら、松源、八百松、生稲、亀清、平清、八百善か。なーに、浪華は浪華だけの腕があるよ、鮒卯をはじめ、堺卯、はり半、鰻専門の東呉など、決して恥ずかしくないものよ、時に充分食べてからは今更かれこれわがままは云うまいけれども、何分食事が好みで癖で云いたい三昧で人を困らす、悪い道楽もあったものよ。

後記に代えて

「喰い倒れといわれる大阪へ行くのだから、大阪らしい特色のある料理を」、と人が云う。ならば、と考えて選んで案内しても、この料理のどこが大阪らしい、となる。改めて比べてみると大差はない。では今時大阪の味なんて残っていないのかと、大阪人でさえ心細くなる。やはり無くなったのか。それとも大阪人その者の味覚が変わったのか、と云えばそれは変わったのだと云えなくもない。しかしそれは時の流れによって少々の変化もあったろうが、ただ「浪速の喰い味」なるものは大きく全国に広まっている。否、それは蔓延したとも云うべきか。戦国時代には江戸と上方の味が大きく異なっていた事は様々な文献からも解るが、武家政権が滅び、帝都から帝が移られて公家文化が薄れ、上方の「京の持ち味」は、観光都市として広く各地の人達にも対応出来うる「喰い味」へと移行し、また「甘辛の味」であった江戸では、東の都とする「東京」への改名と共に、やはり中核的な「喰い味」に近づいた。こうしたことから、現日本人の生活状況にも合わせて、全国津々浦々包括的にほぼ「喰い味」を主流とする味となった故に、大阪の味としての特徴が感じられないのだと私は理解している。

理由は他にもある。関東と関西では食材の違いもあったが、幸いにも大阪は陸海共に食材が多く、又集まる立地であった一方で、工業都市としての発展も著しく、そこが災いとなってその宝庫を一時期汚すことにもなった。今では各地どこに住んでも入手できぬ物がないとされる食材流通。その保存や調理機器の発達と、そのレベルの高さで今世界の味まで包括的になりそうだが、それでは各々祖国や郷土の味が滅びる日も遠からずと云ったところであるが、然にあらず。「喰い味」を生み出した創造力に長けた大阪人は人工頭脳だけに頼らず、これからの時代に向けた新しい大阪料理を、否、日本料理の創作を続けるに違いない。何せ喰い味は「不易流行」。日本民族の根源なるものの上に立つ、その折々の「喰い味」でもあるのだから。

「大阪料理会」
相談役　上野 修三

大阪料理会　会員一覧

会　長　畑耕一郎（辻調理師専門学校・技術顧問）

副会長　湯木潤治（高麗橋 吉兆・代表取締役）

相談役　上野修三（大阪料理研究家）

運営委員　松尾英明（千里山 料亭 柏屋）

北野博一（日本料理 喜一）

坂本晋（割烹 味菜）

長内敬之（旬鮮和楽 さな井）

上野修（浪速割烹 㐂川）

事務局長　笹井良隆

会員（順不同）

小河原 陽一（島之内 一陽）
阿藤 政己（さがみや）
石橋 慶喜（日本料理 慶喜）
布谷 浩二（北新地 うの和）
松尾 慎太郎（北新地 弧柳）
中村 正明（和洋遊膳 中村）
浦上 浩（割烹 石和川）
神田 芳松（ときわ松）
柚野 克幸（西心斎橋 ゆうの）
城崎 栄一（旬屋 じょう崎）
島村 雅晴（懐石料理 雲鶴）
佐野 亨一（浪速魚菜 色葉）
杉本 亨（浪速割烹 和亭）
広里 貴子（（有）貴重）
坂本 靖彦（割烹 さか本）
岡本 正樹（天の川 なかなか）
久保田 博（割烹 くぼた）
辻 宏弥（法善寺 浅草）
大屋 友和（日本料理 翠）
野村 俊輔（花錦戸）
西野 保孝（山海料理 仁志乃）
古池 秀人（なにわ料理 有）

東迎 高清（おおさか料理 浅井東迎）
河村 幸貴（割烹 作一）
山崎 浩史（旬菜 山崎）
菰田 昌寛（料亭 梅廼家）
竹内 一二（鰻や 竹うち本店）
久保 是人（おおさか料理 浅井）
前田 武徳（味彩旬香 菜ばな）
早川 友博（小嘉津）
岩渕 貴生（太閤園 料亭 淀川邸）
板倉 誠司（旬菜 喜いち）
山本 英（はしま）
畑島 亮（キュイジーヌ・ド・オオサカ・リョウ）
荒木 宏之（元高槻 庖丁処荒木）
竹中 栄蔵（高麗橋 吉兆）
古谷 文男（上方和食 嘉楽）
松本 成寿（元みな美亭）
濱本 良司（辻調理師専門学校）
大引 伸昭（辻調理師専門学校）
小川 健（辻調理師専門学校）
吉良 健太郎（元貝塚 料亭深川）
今村 規宏（元伊万邑）
清水 隆史（日本料理 おくらやま清水）

（2017年9月現在）

大阪料理会とは

大阪府下の割烹や料亭など、和食店50数軒の料理人によって構成され、大阪的な料理とはどうあるべきかを研鑽し、次代へとその味を繋ぐことを目的とした会。 上野修三氏の呼びかけで2009年に発足して以来、地元食材や歳事などをテーマに、毎月料理を試作・発表し、全会員が試食を通じて議論を重ねている。これまでに発表された料理は500点を超える。
[大阪料理会HP] https://www.amakaratecho.jp/osaka-food/index.html

■編　　集／オフィスSNOW（木村奈緒　畑中三応子）
■料理撮影／藤澤 了　東谷幸一（137〜139ページ）
■アートディレクション／國廣正昭
■デザイン／佐藤暢美

【主な資料・図版・写真提供】
■ケンショク「食」資料室
■大阪市中央卸売市場本場市場協会
■大阪商工会議所

関西割烹を生み出した味と食文化

大阪料理

発行日 ―― 平成29年10月2日　初版発行
監　修 ―― 大阪料理会
制作者 ―― 永瀬正人
発行者 ―― 早嶋　茂
発行所 ―― 株式会社　旭屋出版
〒107-0052
東京都港区赤坂1-7-19
キャピタル赤坂ビル8F
電　話　03-3560-9065（販売）
電　話　03-3560-9066（編集）
FAX　03-3560-9071
郵便振替口座番号　00150-1-19572
印刷・製本 ―― 凸版印刷株式会社

ISBN978-4-7511-1301-1　C2077